Norbert Hoffmann

100 Rezepte für Borland Pascal

Aus dem Bereich Computerliteratur

Dynamische Systeme und Fraktale
Computergrafische Experimente mit Pascal
von K.-H. Becker und M. Dörfer

Kleines Handbuch Neuronale Netze
Anwendungsorientiertes Wissen
zum Lernen und Nachschlagen
von N. Hoffmann

Simulation neuronaler Netze
von N. Hoffmann

100 Rezepte für Turbo Pascal
Programmiertips mit Pfiff für Einsteiger und Fortgeschrittene
von E. Wischnewski

100 Grafik-Rezepte für Turbo Pascal unter Windows
Programmiertips mit Pfiff für Einsteiger und Fortgeschrittene
von N. Hoffmann

100 Rezepte für Excel
Programmiertips mit Pfiff für Einsteiger und Fortgeschrittene
von H. Wild

Modellbildung und Simulation
Konzepte, Verfahren und Modelle zum Verhalten
dynamischer Systeme
von H. Bossel

Numerik sehen und verstehen
Ein kombiniertes Lehr- und Arbeitsbuch mit
Visualisierungssoftware
von K. Kose, R. Schröder und K. Wieliczek

Springer Fachmedien Wiesbaden GmbH

Norbert Hoffmann

100 REZEPTE FÜR BORLAND PASCAL

Programmiertips mit Pfiff für Einsteiger und Fortgeschrittene

Die Deutsche Bibliothek – CIP-Einheitsaufnahme

Hoffmann, Norbert:
100 Rezepte für Borland Pascal: Programmiertips mit Pfiff für Einsteiger und Fortgeschrittene / Norbert Hoffmann.

ISBN 978-3-528-05359-8 ISBN 978-3-663-16254-4 (eBook)
DOI 10.1007/978-3-663-16254-4

NE: Hoffmann, Norbert: Hundert Rezepte für Borland Pascal

Das in diesem Programm enthaltene Programm-Material ist mit keiner Verpflichtung oder Garantie irgendeiner Art verbunden. Der Autor und der Verlag übernehmen infolgedessen keine Verantwortung und werden keine daraus folgende oder sonstige Haftung übernehmen, die auf irgendeine Art aus der Benutzung dieses Programm-Materials oder Teilen davon entsteht.

Ursprünglich erschienen bei Friedr. Vieweg & Sohn Verlagsgesellschaft mbH, Braunschweig/Wiesbaden 1993

Umschlaggestaltung: Schrimpf & Partner, Wiesbaden

Gedruckt auf säurefreiem Papier

ISBN 978-3-528-05359-8

VORWORT

Durch das Erscheinen von BORLAND PASCAL ist es möglich geworden, Pascal-Programme nicht nur für den REAL MODE, sondern auch für den PROTECTED MODE und für WINDOWS zu schreiben. Naturgemäß umfaßt BORLAND PASCAL nur die grundlegenden Routinen; für anspruchsvolle Anwendungen ist noch einiges an zusätzlicher Arbeit erforderlich.

Hier bietet das vorliegende Buch eine Hilfestellung. Es enthält eine Sammlung von 100 Rezepten, die als nützliche Bestandteile von DOS- und WINDOWS-Programmen gedacht sind. Selbstverständlich ist es möglich, die Rezepte den eigenen Bedürfnissen anzupassen. Um die Rezepte sinnvoll einsetzen zu können, muß der Leser wissen, wie ein BORLAND-PASCAL-Programm aufzubauen ist. Nach Durcharbeiten der Dokumentation zu BORLAND-PASCAL dürfte das kein Problem mehr darstellen, so daß auch der Anfänger nach kurzer Einarbeitung die Rezeptsammlung nützen kann.

Ein einzelnes Rezept besteht meist aus dem Programmtext mit der zugehörigen Funktionsbeschreibung, einem Anwendungsbeispiel und zusätzlichen Hinweisen. Die Bestandteile eines Rezepts sind durch folgende Symbole gekennzeichnet:

Programmtext und Funktionsbeschreibung ("Wie wird gekocht?")
Der Programmtext ist durch eine einfache Umrahmung hervorgehoben.

Anwendungsbeispiel ("Wie wird serviert?")

Zusätzliche **Hinweise** ("Achtung!")

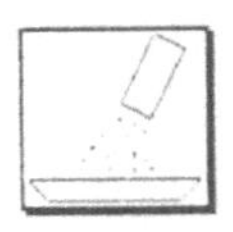

Abwandlungsvorschlag ("Wie wird gewürzt?")

Die Rezepte sind nach Sachgruppen zusammengefaßt; der Anfangsbuchstabe der jeweiligen Sachgruppe dient zugleich der Numerierung.

Juli 1993
Norbert Hoffmann

INHALTSVERZEICHNIS

A Allgemeines

A.1: INTEGER-Array	A.2: INTEGER-Matrix	A.3: Dateiexistenz testen
A.4: Bitmanipulationen	A.5: LONGINT in String umwandeln	A.6: String in LONGINT umwandeln
A.7: REAL-Zahl in String umwandeln	A.8: String in REAL-Zahl umwandeln	A.9/10: Streamfehler

Ein ARRAY OF INTEGER, dessen Größe zur Compilierungszeit nicht bekannt ist, kann man mit einer TCollection realisieren. Das folgende Objekt leistet dasselbe, ist aber einfacher zu verwenden:

```
  TIntegerVektor = OBJECT
    PROCEDURE Init(G: WORD);
    PROCEDURE Done;
    PROCEDURE SetWert
      (X: WORD;      {Index 1...Groesse}
       W: INTEGER); {Wert}
    FUNCTION GetWert(X: WORD): INTEGER;
    FUNCTION GetGroesse: WORD;
  PRIVATE
    Groesse: WORD;
    Werte  : POINTER;
  END; {TIntegerVektor}
```

```
PROCEDURE TIntegerVektor.Init(G: WORD);
BEGIN
  Groesse := G;
  GetMem(Werte,Groesse*Sizeof(INTEGER));
END;

PROCEDURE TIntegerVektor.Done;
BEGIN FreeMem(Werte,Groesse*Sizeof(INTEGER)); END;

PROCEDURE TIntegerVektor.SetWert;
BEGIN
  IF (X<1) OR (X>Groesse) THEN Exit;
  PIntegerArray(Werte)^[X-1] := W;
END;

FUNCTION TIntegerVektor.GetWert(X: WORD): INTEGER;
BEGIN GetWert := PIntegerArray(Werte)^[X-1]; END;

FUNCTION TIntegerVektor.GetGroesse: WORD;
BEGIN GetGroesse := Groesse; END;
```

Das Rezept verwendet den Typ

```
TYPE
  PIntegerArray = ^TIntegerArray;
  TIntegerArray = ARRAY[0..16383] OF INTEGER;
```

Das folgende Beispielprogramm speichert die geraden Zahlen von 2 bis 20 in Vektor und liest sie anschließend wieder aus:

```
VAR
  Vektor: TIntegerVektor;
  i     : BYTE;
BEGIN
  Vektor.Init(10);
  FOR i:=1 TO Vektor.GetGroesse DO Vektor.SetWert(i,2*i);
  FOR i:=1 TO Vektor.GetGroesse DO Writeln(Vektor.GetWert(i));
  Vektor.Done;
END;
```

A.2 INTEGER-Matrix

Eine **Matrix** ist ein rechteckiges Schema von Zahlen, dessen Elemente zweckmäßigerweise durch doppelte Indizierung (etwa *M*[*Spalte,Zeile*]) angesprochen werden. Das folgende Objekt stellt eine solche Struktur für ganze Zahlen bereit:

```
  TIntegerMatrix = OBJECT(TIntegerVektor) {Rezept A.1}
    PROCEDURE Init(S,Z: WORD);
    PROCEDURE SetWert(S,Z: WORD; W: INTEGER);
    FUNCTION GetWert(S,Z: WORD): INTEGER;
    FUNCTION GetSpalten: WORD;
    FUNCTION GetZeilen: WORD;
  PRIVATE
    Spalten,Zeilen: WORD;
    FUNCTION GetIndex(S,Z: WORD): WORD;
  END; {TIntegerMatrix}
```

```
PROCEDURE TIntegerMatrix.Init(S,Z: WORD);
BEGIN
  Spalten := S;
  Zeilen := Z;
  Groesse := Spalten*Zeilen;
  INHERITED Init(Groesse);
END;

PROCEDURE TIntegerMatrix.SetWert;
BEGIN INHERITED SetWert(GetIndex(S,Z),W); END;

FUNCTION TIntegerMatrix.GetWert(S,Z: WORD): INTEGER;
BEGIN GetWert := INHERITED GetWert(GetIndex(S,Z)); END;

FUNCTION TIntegerMatrix.GetSpalten: WORD;
BEGIN GetSpalten := Spalten; END;

FUNCTION TIntegerMatrix.GetZeilen: WORD;
BEGIN GetZeilen := Zeilen; END;

FUNCTION TIntegerMatrix.GetIndex(S,Z: WORD): WORD;
BEGIN
  GetIndex := (Z-1)*Spalten+S;
END;
```

Das folgende Beispiel stellt eine Matrix mit drei Spalten und zwei Zeilen bereit, füllt sie mit Zahlen und zeigt sie auf dem Schirm an (s. rechts):

```
   17   36   12
  128   -1   30
```

```
VAR
  Matrix: TIntegerMatrix; S,Z: BYTE;
BEGIN
  Matrix.Init(3,2);
  Matrix.SetWert(1,1,17); Matrix.SetWert(1,2,128);
  Matrix.SetWert(2,1,36); Matrix.SetWert(2,2,-1);
  Matrix.SetWert(3,1,12); Matrix.SetWert(3,2,30);
  FOR Z:=1 TO Matrix.GetZeilen DO BEGIN
    FOR S:=1 TO Matrix.GetSpalten DO Write(Matrix.GetWert(S,Z):5);
    Writeln;
  END; {FOR}
  Matrix.Done;
END;
```

Das folgende Rezept stellt fest, ob die durch `Name` bezeichnete Datei vorhanden ist:

```
FUNCTION DateiVorhanden(Name: PChar): BOOLEAN;
VAR
  Datei: FILE OF CHAR;
BEGIN
  DateiVorhanden := FALSE;
  Assign(Datei,Name);
  {$I-} Reset(Datei); {$I+}
  IF IOResult=0 THEN BEGIN
    DateiVorhanden := TRUE;
    Close(Datei);
  END; {IF}
END;
```

Eine typische Anwendung dieses Rezepts liegt vor, wenn eine neue Datei gespeichert wird und zuerst geprüft werden soll, ob eine Datei dieses Namens bereits existiert. Eine Methode in einem WINDOWS-Programm könnte etwa so lauten:

```
PROCEDURE TFenster.CMFileSaveAs(VAR Msg: TMessage);
VAR
  Datei: ARRAY[0..fsPathName] OF CHAR;
BEGIN
  StrCopy(Datei,'*.*');
  IF NOT FileBox(@Self,Datei,sd_WNFileSave) THEN Exit;
    {Rezept E.11}
  IF DateiVorhanden(Datei) THEN
    IF MessageBox(HWindow,
      'Datei ist bereits vorhanden. Überschreiben?',
      Datei,mb_YesNo)=id_No
    THEN
      Exit;
  ... {Befehle zum Schreiben der Datei}
END;
```

Will man einen `String` anstelle eines `PChar` an das Rezept übergeben, so hat man die Deklaration

```
FUNCTION DateiVorhanden(Name: PChar): BOOLEAN;
```

einfach durch

```
FUNCTION DateiVorhanden(Name: STRING): BOOLEAN;
```

zu ersetzen. Das Programm selbst bleibt unverändert.

```
FUNCTION BitTest(T: LONGINT; Pos: BYTE): BOOLEAN;
BEGIN
  BitTest := (T AND (LONGINT(1) SHL Pos)<>0);
END;

PROCEDURE BitSet(VAR T: LONGINT; Pos: BYTE);
BEGIN
  T := T OR (LONGINT(1) SHL Pos);
END;

PROCEDURE BitClear(VAR T: LONGINT; Pos: BYTE);
BEGIN
  T := T AND NOT (LONGINT(1) SHL Pos);
END;
```

Häufig möchte man einzelne Bits einer `INTEGER`-Variablen testen, setzen oder löschen. In den drei obigen Prozeduren ist `T` die zu testende bzw. zu ändernde Variable; als Typ ist `BYTE`, `SHORTINT`, `WORD`, `INTEGER` oder `LONGINT` zulässig. `Pos` ist die Nummer (beginnend mit 0) des zu testenden bzw. zu ändernden Bits. `BitTest` gibt `TRUE` zurück, wenn das Bit gesetzt ist; `BitSet` und `BitClear` setzen bzw. löschen das Bit.

```
BitSet
0, 12, 13, 28, 29, 30, 31,
0, 12, 13, 15, 28, 29, 30, 31,
BitClear
0, 12, 13, 28, 29, 30, 31,
0, 13, 28, 29, 30, 31,
```

Das folgende Testprogramm bearbeitet eine Variable `B`, die mit dem Wert `$F0003001 = 1111 0000 0000 0000 0011 0000 0000 0001` (binär) initialisiert wird. Es sind also die Bits Nr. 0, 12, 13, 28, 29, 30 und 31 gesetzt. Zunächst werden die Bits Nr. 12 und 15 gesetzt; in einem zweiten Durchgang werden die Bits Nr. 1 und 12 gelöscht. Das Programm zeigt jeweils die gesetzten Bits an (vgl. obiges Bild).

```
VAR
  i: BYTE; B: LONGINT; S: STRING;
BEGIN
  Writeln('BitSet');
  B := $F0003001;
  FOR i:=0 TO 31 DO BEGIN
    Str(i,S); IF BitTest(B,i) THEN Write(S,', ');
  END; {FOR}
  BitSet(B,15); BitSet(B,12);
  Writeln;
  FOR i:=0 TO 31 DO BEGIN
    Str(i,S); IF BitTest(B,i) THEN Write(S,', ');
  END; {FOR}
  Writeln; Writeln('BitClear');
  B := $F0003001;
  FOR i:=0 TO 31 DO BEGIN
    Str(i,S); IF BitTest(B,i) THEN Write(S,', ');
  END; {FOR}
  BitClear(B,12); BitClear(B,1);
  Writeln;
  FOR i:=0 TO 31 DO BEGIN
    Str(i,S); IF BitTest(B,i) THEN Write(S,', ');
  END; {FOR}
END;
```

Mit der Standardprozedur `Str` können ganze Zahlen in Pascal- oder nullterminierte Strings umgewandelt werden. Die drei folgenden Rezepte gestalten den Vorgang etwas komfortabler. Das erste Rezept wandelt `Wert` in einen Pascal-String um. Für `MinBreite=0` ist das Ergebnis linksbündig ohne führende Leerstellen, andernfalls rechtsbündig:

```
FUNCTION LongToStr
  (Wert     : LONGINT;
   MinBreite: BYTE): STRING;
VAR
  S: STRING;
BEGIN
  Str(Wert:MinBreite,S);
  LongToStr := S;
END;
```

Das nächste Rezept wandelt `Wert` in einen rechtsbündigen String um, kopiert diesen nach `P` und gibt `P` zurück. Die Übertragung ist auf `Breite` begrenzt; `P` muß daher Platz für `Breite+1` Zeichen haben:

```
FUNCTION LongToPChar
  (Wert  : LONGINT;
   Breite: BYTE;
   P     : PChar): PChar;
VAR
  S: ARRAY[0..High(BYTE)] OF CHAR;
BEGIN
  StrPCopy(S,LongToStr(Wert,Breite));
  LongToPChar := StrLCopy(P,S,Breite);
END;
```

Das letzte Rezept wandelt `Wert` in einen linksbündigen nullterminierten String ohne führende Leerstellen um:

```
FUNCTION LongToPCharL
  (Wert  : LONGINT;
   Breite: BYTE;
   P     : PChar): PChar;
VAR
  S: ARRAY[0..High(BYTE)] OF CHAR;
BEGIN
  StrPCopy(S,LongToStr(Wert,0));
  LongToPCharL := StrLCopy(P,S,Breite);
END;
```

Eine typische Anwendung für `LongToPCharL` ist in Rezept E.4 (`TEditLong.Transfer`) zu finden.

A.6 String in LONGINT umwandeln

Mit der Standardprozedur `Val` können Strings in ganze Zahlen umgewandelt werden. Mit Hilfe einer Funktion, die einen `LONGINT`-Wert zurückgibt, ließen sich manche Programme etwas vereinfachen. Die vier folgenden Prozeduren leisten das; wenn `Q` ungültig ist, geben sie jeweils den Wert „0“ zurück. `StrToLong` und `PCharToLong` informieren nicht darüber, ob `Q` gültig ist, sind dafür aber besonders komfortabel zu verwenden. Dagegen setzen `StrToLongK` und `PCharToLongK` die Variable `korrekt` entsprechend:

```
FUNCTION StrToLongK
  (    Q      : STRING;
   VAR korrekt: BOOLEAN): LONGINT;
VAR
  Wert: LONGINT;
  Code: INTEGER;
BEGIN
  Val(Q,Wert,Code);
  korrekt := (Code=0);
  IF korrekt THEN
    StrToLongK := Wert
  ELSE
    StrToLongK := 0;
END;
```

```
FUNCTION StrToLong(Q: STRING): LONGINT;
VAR
  korrekt: BOOLEAN;
BEGIN
  StrToLong := StrToLongK(Q,korrekt);
END;
```

```
FUNCTION PCharToLongK
  (    P      : PChar;
   VAR korrekt: BOOLEAN): LONGINT;
BEGIN
  PCharToLongK := StrToLongK(StrPas(P),korrekt);
END;
```

```
FUNCTION PCharToLong(P: PChar): LONGINT;
BEGIN
  PCharToLong := StrToLong(StrPas(P));
END;
```

Das folgende Programm liest eine Zahl ein und gibt den eingegebenen Wert oder eine Fehlermeldung aus:

```
VAR
  S: STRING;
  Z: LONGINT;
  k: BOOLEAN;
BEGIN
  Readln(S);
  Z := StrToLongK(S,k);
  IF k THEN Writeln(Z) ELSE Writeln('Ungültige Eingabe');
END;
```

Mit der Standardprozedur `Str` können reelle Zahlen in Pascal- oder nullterminierte Strings umgewandelt werden. Den Dezimalpunkt, der dadurch gesetzt wird, muß man noch in ein Komma umwandeln. Die beiden folgenden Funktionen gestalten diesen Vorgang etwas komfortabler. Die erste Funktion wandelt `Wert` in einen Pascal-String um. Für `Pos>0` ergibt sich eine Festkommadarstellung mit dem Dezimalkomma an der Stelle `Pos`. Bei `Pos=0` wird eine Gleitkommadarstellung ohne führende Leerstellen erzeugt:

```
FUNCTION RealToStr
  (Wert     : REAL;
   MinBreite: BYTE;
   Pos      : BYTE): STRING;
VAR
  S: STRING;
  i: BYTE;
BEGIN
  IF Pos=0 THEN BEGIN
    Str(Wert,S);
    WHILE S[1]=' ' DO
      Delete(S,1,1);
  END
  ELSE
    Str(Wert:MinBreite:(MinBreite-Pos),S);
  FOR i:=1 TO Length(S) DO
    IF S[i]='.' THEN
      S[i] := ',';
  RealToStr := S;
END;
```

Die nächste Funktion wandelt `Wert` in eine Zeichenkette mit Dezimalkomma um, überträgt diese nach `P` und gibt `P` zurück. Die Übertragung ist auf `Breite` begrenzt; `P` muß daher Platz für `Breite+1` Zeichen haben. Die Formatierung ist dieselbe wie bei `RealToStr`:

```
FUNCTION RealToPChar
  (Wert  : REAL;
   Breite: BYTE;
   Pos   : BYTE;
   P     : PChar): PChar;
VAR
  S: ARRAY[0..High(BYTE)] OF CHAR;
BEGIN
  StrPCopy(S,RealToStr(Wert,Breite,Pos));
  RealToPChar := StrLCopy(P,S,Breite);
END;
```

Der Befehl

```
Writeln(RealToStr(2.5E2,8,5))
```

schreibt

```
250,000
```

auf den Bildschirm.

A.8 String in REAL-Zahl umwandeln

Mit der Standardprozedur `Val` können Strings in `Real`-Zahlen umgewandelt werden. Mit Hilfe einer Funktion, die einen `Real`-Wert zurückgibt, ließen sich manche Programme etwas vereinfachen. Die vier folgenden Funktionen leisten das; wenn `Q` ungültig ist, geben sie jeweils den Wert „0" zurück. `StrToReal` und `PCharToReal` informieren nicht darüber, ob `Q` gültig ist, sind dafür aber besonders komfortabel zu verwenden. Dagegen setzen `StrToRealK` und `PCharToRealK` die Variable `korrekt` entsprechend. In `Q` ist auch das Dezimalkomma zulässig.

```
FUNCTION StrToRealK(Q: STRING; VAR korrekt: BOOLEAN): REAL;
VAR
  Wert: REAL;
  Code: INTEGER;
  S    : STRING;
  i    : BYTE;
BEGIN
  S := Q;
  FOR i:=1 TO Length(S) DO IF S[i]=',' THEN S[i] := '.';
  Val(S,Wert,Code);
  korrekt := (Code=0);
  IF Code=0 THEN StrToRealK := Wert ELSE StrToRealK := 0;
END;
```

```
FUNCTION StrToReal(Q: STRING): REAL;
VAR
  korrekt: BOOLEAN;
BEGIN
  StrToReal := StrToRealK(Q,korrekt);
END;
```

```
FUNCTION PCharToRealK(P: PChar; VAR korrekt: BOOLEAN): REAL;
BEGIN
  PCharToRealK := StrToRealK(StrPas(P),korrekt);
END;
```

```
FUNCTION PCharToReal(P: PChar): REAL;
BEGIN
  PCharToReal := StrToReal(StrPas(P));
END;
```

Die folgenden zwei Varianten einer Funktion, die zwei Strings miteinander multipliziert, zeigen die Vereinfachung durch `StrToReal`:

```
FUNCTION Mult(U,V: STRING): REAL;
VAR
  R,S: REAL;
  C  : INTEGER;
BEGIN
  Val(U,R,C); Val(V,S,C);
  Mult := R*S;
END;
```

```
FUNCTION Mult(U,V: STRING): REAL;
BEGIN
  Mult := StrToReal(U)*StrToReal(V);
END;
```

Gegeben sei ein Fenster mit folgender Deklaration:

```
TFenster = OBJECT(TWindow)
  ...
  GraphicsList: PCollection
  ...
  PROCEDURE ReadFile(Datei: PChar);
  ...
END; {TFenster}
```

Dabei speichert `GraphicsList` eine Kollektion von zu zeichnenden Objekten. `ReadFile` liest aus der Datei `Datei` einen Stream nach `GraphicsList` ein.

Das Fenster sei bereits erzeugt. Wenn nun der Anwender eine unzulässige Datei ausgewählt hat und `ReadFile` aufruft, wird `GraphicsList` im günstigsten Fall einige `NIL`-Zeiger, in der Regel aber Unsinn enthalten. Spätestens beim Aufruf der `Paint`-Methode stürzt das Programm ab.

Das läßt sich leicht verhindern, wenn man dafür sorgt, daß bei Auftreten eines Stream-Lesefehlers die Variable `GraphicsList` nicht mehr verwendet wird. Dazu sind folgende Maßnahmen erforderlich bzw. nützlich:

1) Das Fenster wird vom Vorhandensein des Fehlers unterrichtet.
2) Die Paint-Methode darf nichts zeichnen, da sie dazu die Zeiger aus `GraphicsList` benötigen würde.
3) `TFenster.Done` darf `GraphicsList` nicht freigeben. Speicherleichen müssen dabei in Kauf genommen werden.
4) Eine Fehlermeldung wird ausgegeben.
5) Das Fenster wird geschlossen.

Die Punkte 1), 4) und 5) werden von `ReadFile` erledigt:

```
CONST
  em_Stream = -100;

PROCEDURE TFenster.ReadFile(Datei: PChar);
VAR
  Stream: TBufStream;
BEGIN
  Stream.Init(Datei,stOpen,1024);
  GraphicsList := PCollection(Stream.Get);
  IF Stream.Status<>stOK THEN BEGIN
    Status := em_Stream; {Punkt 1}
    ... {Meldung} {Punkt 4}
    PostMessage(HWindow,wm_Close,0,0); {Punkt 5}
  END;
  Stream.Done;
END;
```

Die Methoden `Paint` (Punkt 2) und `Done` (Punkt 3) lauten:

```
PROCEDURE TFenster.Paint
  (     PaintDC   : HDC;
   VAR PaintInfo: TPaintStruct);
BEGIN
  IF Status<0 THEN
    Exit;
  ... {Zeichenbefehle}
END;
```

```
DESTRUCTOR TFenster.Done;
BEGIN
  IF Status>=0 THEN
    Dispose(Zeilen,Done);
  ...
  INHERITED Done;
END;
```

Für den Fall, daß die einzulesenden Daten nur geringfügig zerstört sind, kann man dem Anwender die Möglichkeit einräumen, trotz des Fehlers weiterzumachen; allerdings läßt sich dann ein Programmabsturz nicht ausschließen. `ReadFile` muß dazu die `NIL`-Zeiger aus `GraphicsList` entfernen, das Zeichnen wieder zulassen und das Fenster zeichnen (in dieser Reihenfolge!):

```
PROCEDURE TFenster.ReadFile(Datei: PChar);
VAR
  Stream: TBufStream;
BEGIN
  Stream.Init(Datei,stOpen,1024);
  GraphicsList := PCollection(Stream.Get);
  IF Stream.Status<>stOK THEN BEGIN
    Status := em_Stream;
    IF ... {Abfrage} THEN BEGIN
      GraphicsList^.Pack;
      Status := 0;
      InvalidateRect(HWindow,NIL,TRUE);
    END
    ELSE
      PostMessage(HWindow,wm_Close,0,0);
  END;
  Stream.Done;
END;
```

Ein Beispiel für die Gestaltung der Abfrage ist im nächsten Rezept zu finden.

Das vorherige Rezept gibt bei einem Stream-Lesefehler eine Meldung aus. Die folgende Funktion kann zu diesem Zweck verwendet werden. Bei `Abfrage=FALSE` wird eine einfache Meldung angezeigt; anderfalls kann der Anwender bestimmen, ob trotz des Fehlers weitergemacht werden soll:

```
FUNCTION StreamfehlerMeldung
  (WndParent: HWnd;
   Fehler   : INTEGER;
   Abfrage  : BOOLEAN): INTEGER;
VAR
  S,T     : STRING;
  TextType: WORD;
BEGIN
  Str(Fehler,S);
  S := S+': ';
  CASE Fehler OF
    stError:       T := 'Zugriffsfehler';
    stInitError:   T := 'Initialisierungsfehler';
    stReadError:   T := 'Lesefehler';
    stWriteError:  T := 'Schreibfehler';
    stGetError:    T := 'Typ nicht registriert (Lesen)';
    stPutError:    T := 'Typ nicht registriert (Schreiben)';
    ELSE           T := 'Unbekannter Fehlercode';
  END; {CASE}
  S := S+T;
  TextType := mb_OK OR mb_IconStop;
  IF Abfrage THEN BEGIN
    S := S+^M^M'Weitermachen?'^M'(kann zu Programmabsturz führen)';
    TextType := mb_YesNo OR mb_DefButton2 OR mb_IconStop
  END;
  StreamfehlerMeldung :=
    MessageBoxString(WndParent,S,'Streamfehler',TextType); {E.8}
END;
```

Wenn der entsprechende Teil der `ReadFile`-Methode im vorherigen Rezept wie folgt gestaltet wird, erhält man bei einem Stream-Lesefehler die nebenstehende Meldung:

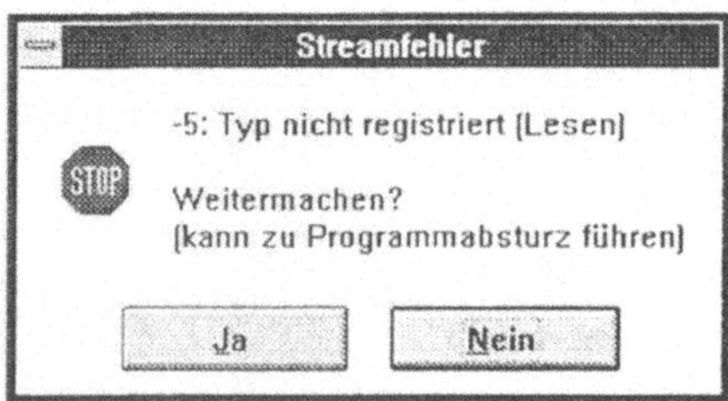


```
IF Stream.Status<>stOK THEN BEGIN
  Status := em_Stream;
  IF StreamfehlerMeldung(HWindow,Stream.Status,TRUE)=idYes
  THEN BEGIN
    GraphicsList^.Pack;
    Status := 0;
    InvalidateRect(HWindow,NIL,TRUE);
  END
  ELSE
    PostMessage(HWindow,wm_Close,0,0);
END;
```

D DRUCKEN UNTER WINDOWS

Drucken unter Windows erfordert einen erheblichen Aufwand. Das gilt selbst dann, wenn man die Voreinstellung des Druckers (etwa den Schnelldruck-Modus) verwenden will und lediglich unformatierten Text (also ASCII-Zeichen, Zeilen- und Seitenvorschübe) drucken möchte. Das folgende Rezept umgeht die Standard-Vorgangsweise und erleichtert das Drucken erheblich:

```
TYPE
  TDosDruck = OBJECT
    PROCEDURE Open;
    PROCEDURE Close;
    PROCEDURE Write(Zeile: STRING);    {Pascal-String ausgeben}
    PROCEDURE Writeln(Zeile: STRING);
    PROCEDURE WinWrite(Zeile: PChar); {Nullterm. String ausgeben}
    PROCEDURE WinWriteln(Zeile: PChar);
    PROCEDURE WriteSe;                 {Seitenvorschub ausgeben}
  PRIVATE
    Steuerzeichen_Zeile : STRING[2];
    Steuerzeichen_Seite : STRING[1];
    Lst                 : Text;
  END;
```

Die Methoden dieses Objekts lauten:

```
PROCEDURE TDosDruck.Open;
BEGIN
  Steuerzeichen_Zeile  := #10#13;
  Steuerzeichen_Seite  := #12;
  Assign(Lst,'LPT1');
  Rewrite(Lst);
END;
```

```
PROCEDURE TDosDruck.Close;
BEGIN
  System.Close(Lst);
END;
```

```
PROCEDURE TDosDruck.Write(Zeile: STRING);
VAR
  Z     : STRING;
  i     : BYTE;
  Zeiger: PChar;
BEGIN
  Z := Zeile;
  Zeiger := PChar(@Z)+1;
  AnsiToOemBuff(Zeiger,Zeiger,Length(Z));
  System.Write(Lst,Z);
END;
```

```
PROCEDURE TDosDruck.Writeln(Zeile: STRING);
BEGIN
  Write(Zeile);
  System.Write(Lst,Steuerzeichen_Zeile);
END;
```

```
PROCEDURE TDosDruck.WinWrite(Zeile: PChar);
VAR
  i: INTEGER;
  Z: PChar;
BEGIN
  Z := StrNew(Zeile);
  AnsiToOem(Z,Z);
  i:=0;
  WHILE Z[i]<>#0 DO BEGIN
    System.Write(Lst,Z[i]);
    Inc(i);
  END; {WHILE}
  StrDispose(Z);
END;
```

```
PROCEDURE TDosDruck.WinWriteln(Zeile: PChar);
BEGIN
  WinWrite(Zeile);
  System.Writeln(Lst);
END;
```

```
PROCEDURE TDosDruck.WriteSe;
BEGIN
  System.Write(Lst,Steuerzeichen_Seite);
END;
```

Um dieses Rezept anzuwenden, benötigen Sie eine Instanz vom Typ `TDosDruck`. Diese kann beispielsweise in der Unit stehen, die auch die Objektdeklaration enthält. Um drucken zu können, genügt es, die Methode `TDosDruck.Open` aufzurufen. Wenn alles gedruckt ist, sollte mit `WriteSe` die letzte Seite ausgeworfen und der Druckvorgang mit `TDosDruck.Close` abgeschlossen werden.

Eine typische Anwendung diese Rezepts ist das Drucken einer Datei. Die folgende Botschaftsantwortmethode fragt nach dem Namen einer Datei; drückt man im Dialog den Schalter „OK", so wird die Datei gedruckt:

```
PROCEDURE THauptfenster.DruckDos(VAR Msg: TMessage);
VAR
  Name,Zeile: STRING;
  Zaehler: INTEGER;
  Datei   : Text;
BEGIN
  Name := '*.*';
  IF NOT FileBoxString(@Self,Name,sd_WNFileOpen) THEN Exit; {E.12}
  Druck.Open; Assign(Datei,Name); Reset(Datei);
  Zaehler := 0;
  WHILE NOT Eof(Datei) DO BEGIN
    Inc(Zaehler);
    Readln(Datei,Zeile); Druck.Writeln(Zeile);
    IF Zaehler=60 THEN BEGIN
      Druck.WriteSe; Zaehler := 0;
    END; {IF}
  END; {WHILE}
  Close(Datei); Druck.WriteSe; Druck.Close;
END;
```

Das vorhergehende Rezept läßt sich etwas erweitern, wenn man Steuerzeichen zuläßt. Das folgende Objekt erlaubt es, zwischen Eng- und Normalschrift des Druckers umzuschalten; dabei müssen natürlich die für den jeweiligen Drucker gültigen Steuerzeichenfolgen eingesetzt werden:

```
TYPE
  TDosDruckExt = OBJECT(TDosDruck)
    PROCEDURE Epson;  {Lädt Steuerzeichen für Epson}
    PROCEDURE Laser;
    PROCEDURE Normal; {Schaltet den Drucker in den Normalmodus}
    PROCEDURE Eng;
  PRIVATE
    Steuerzeichen_normal: STRING[7];
    Steuerzeichen_eng   : STRING[7];
  END;
```

```
PROCEDURE TDosDruckExt.Epson;
BEGIN
  Steuerzeichen_normal := #27'l'#02#27#64;
  Steuerzeichen_eng    := #27'l'#02#27#103;
END;
```

```
PROCEDURE TDosDruckExt.Laser;
BEGIN
  Steuerzeichen_normal := #27'(s10H';
  Steuerzeichen_eng    := #27'(s12H';
END;
```

```
PROCEDURE TDosDruckExt.Normal;
BEGIN
  System.Write(Lst,Steuerzeichen_normal);
END;
```

```
PROCEDURE TDosDruckExt.Eng;
BEGIN
  System.Write(Lst,Steuerzeichen_eng);
END;
```

Mit der folgenden Befehlsfolge erhält man auf einem Laserdrucker das nebenstehende Druckbild:

```
Das ist Zeile 1
Das ist Zeile 2
Das ist Zeile 3
```

```
VAR
  DruckExt: TDosDruckExt;
BEGIN
  DruckExt.Laser;
  DruckExt.Open;
  DruckExt.Normal;
  DruckExt.Writeln('Das ist Zeile 1');
  DruckExt.Eng;
  DruckExt.Writeln('Das ist Zeile 2');
  DruckExt.Normal;
  DruckExt.Writeln('Das ist Zeile 3');
  DruckExt.WriteSe;
  DruckExt.Close;
END;
```

Die Dialoge, die von Borland Pascal beim Drucken unter Windows angeboten werden, sind in englischer Sprache abgefaßt. Die zugehörigen Ressourcen stehen in der Datei `OPRINTER.RES`, welche sich, wenn man Borland Pascal gemäß den Vorgaben installiert hat, im Verzeichnis `\BP\UNITS` befindet.

Dieses Ressourcen-Objekt enthält u.a. einige Dialoge (s. die folgende Tabelle); standardmäßig werden die Dialoge im Borland-Stil in Windows-Programme eingebunden. Die Änderung der Texte ist problemlos; etwas knifflig ist allerdings die Anpassung der Bitmaps für den Setup-Schalter im Borland-Stil.

Verwendung	Standard-Stil	Borland-Stil
Hier wird festgelegt, was gedruckt werden soll	`PRINTDIALOG`	`PRINTDIALOGB`
Druckerinstallation	`PRINTERSETUP`	`PRINTERSETUPB`
Meldung während des Druckens mit Abbruchmöglichkeit	`ABORTDIALOG`	`ABORTDIALOGB`

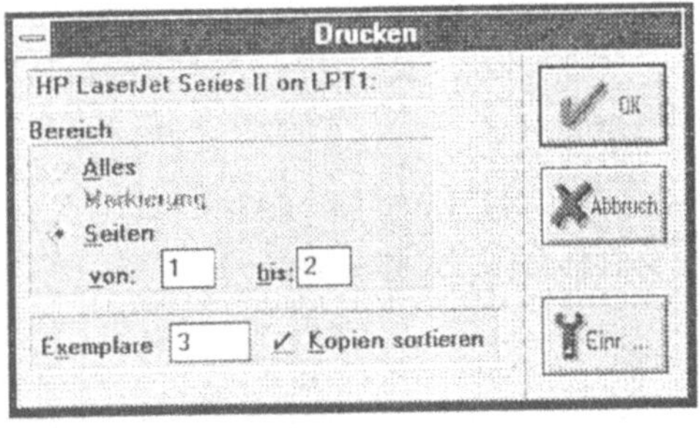

Im Anwenderprogramm sind keine Anpassungen notwendig. Das nebenstehende Druckdialogfenster, welches vor dem Drucken angezeigt wird, ist eine Übersetzung der Ressource `PRINTDIALOGB`; da die deutschen Texte länger sind als die englischen, mußten hier die Dialogelemente neu ausgerichtet werden.

Selbstverständlich können die Dialoge auch in der ausführbaren Datei geändert werden. Dazu ist im Ressource Workshop ein neues Projekt zu öffnen und als Dateityp „EXE Anwendung" anzugeben. Wird nun die entsprechende Programmdatei geöffnet, so werden alle darin eingebundenen Ressourcen angezeigt und können bearbeitet werden.

Da bei der Neucompilierung diese Änderungen wieder verloren gehen, ist es jedoch i.a. günstiger, die ursprünglichen Ressourcendateien zu bearbeiten.

Das Drucken eines Fensterinhalts ist eine ziemlich einfache Aufgabe; das folgende Rezept faßt die dazu erforderlichen Befehle zusammen. Der Fensterinhalt wird mit der `Paint`-Methode des Fensters in einen Druckerkontext geschrieben; daher ist es wesentlich, daß das Fenster über diese Methode verfügt.

```
PROCEDURE DruckeFenster(Fenster: PWindow; Drucker: PPrinter);
VAR
  P: PPrintout;
BEGIN
  P := New(PWindowPrintout,Init(' ',Fenster));
  Drucker^.Print(Fenster,P);
  Dispose(P,Done);
END;
```

`TFenster` sei das Fenster, dessen Inhalt zu drucken ist. Dann sind folgende Deklarationen und Methoden erforderlich:

```
TYPE
  TFenster = OBJECT(TWindow)
    Printer: PPrinter;
    CONSTRUCTOR Init(...);
    DESTRUCTOR Done; VIRTUAL;
    PROCEDURE Paint(...); VIRTUAL;
    PROCEDURE CMPrint(VAR Msg: TMessage);
      VIRTUAL cm_First+cm_Print;
    ...
  END;

CONSTRUCTOR TFenster.Init;
BEGIN
  INHERITED Init(...);
  Printer := New(PPrinter,Init);
  ...
END;

DESTRUCTOR TFenster.Done;
BEGIN
  ...
  Dispose(Printer,Done);
  INHERITED Done;
END;

PROCEDURE TFenster.CMPrint(VAR Msg: TMessage);
BEGIN
  DruckeFenster(@Self,Printer);
END;
```

In der Zeile

```
P := New(PWindowPrintout,Init(' ',Fenster));
```

des Rezepts darf keinesfalls ein Leerstring übergeben werden; in diesem Fall tritt nach dem Drucken der Laufzeitfehler 204 (ungültige Zeigeroperation) auf.

E EINGABEDIALOGE UNTER WINDOWS

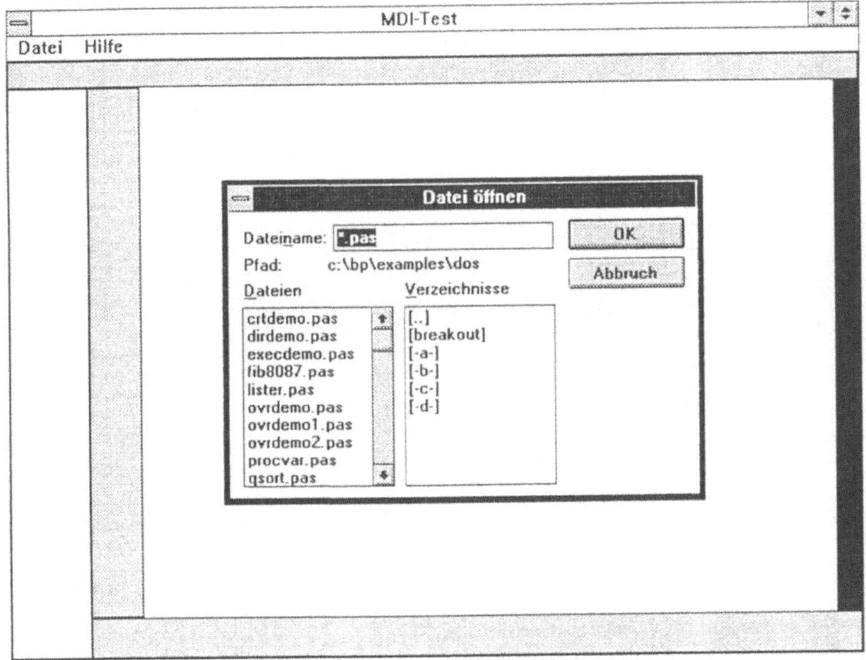

E.1 Deutscher Bereichsvalidator für LONGINT (WIND.)

Die Eingabe ganzer Zahlen in ein Editierfeld kann mit dem Borland-Pascal-Objekt `TRangeValidator` auf ihre Gültigkeit überprüft werden. Im Fehlerfall gibt dieses Objekt eine Meldung in englischer Sprache aus, welche besagt, daß die Eingabe nicht im vorgegebenen Bereich liegt. Das folgende Rezept zeigt je nach Art des Fehlers drei verschiedene Meldungen in deutscher Sprache an: ungültige Eingabe, Eingabe zu groß oder Eingabe zu klein:

```
  PLongRangeValidator = ^TLongRangeValidator;
  TLongRangeValidator = OBJECT(TRangeValidator)
    Fehler: BYTE;
    PROCEDURE Error; VIRTUAL;
    FUNCTION IsValid(CONST S: STRING): BOOLEAN; VIRTUAL;
  END; {TLongRangeValidator}
```

```
PROCEDURE TLongRangeValidator.Error;
VAR S,T: ARRAY [0..High(BYTE)] OF CHAR;
BEGIN
  CASE Fehler OF
    1: StrPCopy(S,'Ungültige Eingabe');
    2: StrCat(StrPCopy(S,'Eingabe ist kleiner als '),
       LongToPCharL(Min,11,T)); {Rezept A.5}
    3: StrCat(StrPCopy(S,'Eingabe ist größer als '),
       LongToPCharL(Max,11,T)); {Rezept A.5}
  END; {CASE}
  MessageBox(0,S,'Eingabeprüfung',
    mb_TaskModal OR mb_OK OR mb_IconExclamation);
END;

FUNCTION TLongRangeValidator.IsValid(CONST S: STRING): BOOLEAN;
VAR
  korrekt: BOOLEAN;
  R      : LONGINT;
BEGIN
  R := StrToLongK(S,korrekt); {Rezept A.6}
  Fehler:= 0; IF R<Min THEN Fehler:= 2; IF R>Max THEN Fehler:= 3;
  IF NOT korrekt THEN Fehler := 1;
  IsValid := (Fehler=0);
END;
```

Eine Anwendung ist in Rezept E.4 (`TEditLong.InitResource`) zu finden. Bei einer ungültigen Eingabe (z.B. „`12+34`") wird die nebenstehende Meldung angezeigt. Typische Meldungen für Bereichsüberschreitung sind unten angegeben:

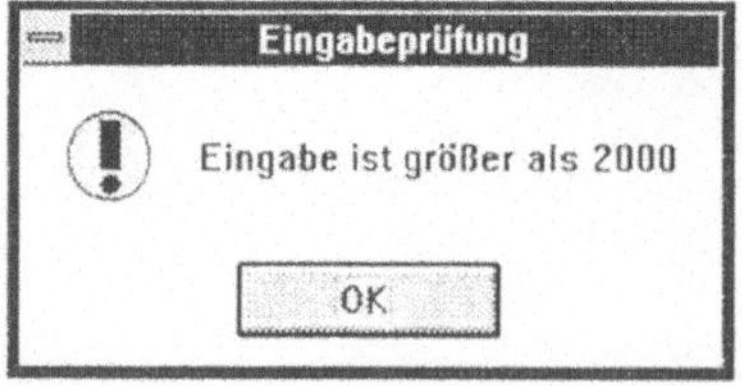

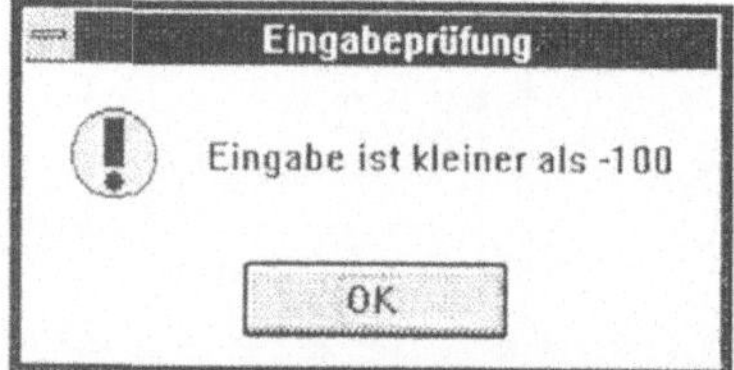

E.2 Validator für REAL-Zahlen (WINDOWS) 21

Mit Validierungsobjekten können die möglichen Eingaben in ein Editierfeld (Typ `TEdit`) beschränkt werden. Das folgende Objekt läßt nur gültige `Real`-Zahlen zu, wobei anstelle des Dezimalpunkts auch das Dezimalkomma akzeptiert wird:

```
TYPE
  PRealValidator = ^TRealValidator;
  TRealValidator = OBJECT(TFilterValidator)
    CONSTRUCTOR Init;
    PROCEDURE Error; VIRTUAL;
    FUNCTION IsValid(CONST S: STRING): BOOLEAN; VIRTUAL;
    FUNCTION IsValidInput
      (VAR S           : STRING;
           SuppressFill: BOOLEAN): BOOLEAN; VIRTUAL;
  END; {TRealValidator}
```

```
CONSTRUCTOR TRealValidator.Init;
BEGIN
  INHERITED Init(['0'..'9','e','E',',','.','+','-']);
END;

PROCEDURE TRealValidator.Error;
BEGIN
  MessageBox(0,'Ungültige Eingabe','Eingabeprüfung',
    mb_TaskModal OR mb_OK OR mb_IconExclamation);
END;

FUNCTION TRealValidator.IsValid;
VAR
  korrekt: BOOLEAN;
BEGIN
  StrToRealK(S,korrekt); {Rezept A.8}
  IsValid := korrekt;
END;

FUNCTION TRealValidator.IsValidInput
VAR
  i: BYTE;
BEGIN
  IsValidInput := INHERITED IsValidInput(S,SuppressFill);
  FOR i:=1 TO Length(S) DO
    IF S[i]='e' THEN S[i] := 'E';
END;
```

Das Rezept wird genauso verwendet wie die Standard-Validierungsobjekte: mit `SetValidator` wird der Validator dem Editierfeld (im folgenden Beispiel `E`) zugewiesen. Eine entsprechende Befehlsfolge für den Aufbau eines Dialogs könnte etwa so lauten:

Eingabeprüfung
Ungültige Eingabe
OK

```
E := New(PEdit,InitResource(Dialog,...));
E^.SetValidator(New(PRealValidator,Init));
```

Beim Versuch, den Dialog mit „OK“ zu schließen, wird im Fall einer ungültigen Eingabe (etwa `1.2E-E`) die obige Meldung angezeigt.

Der folgende Nachkomme des Rezepts `TRealValidator` läßt die Vorgabe eines Bereichs für die einzugebende `Real`-Zahl zu und ist daher ein Analogon zum Borland-Pascal-Objekt `TRangeValidator`. Statt des Dezimalpunkts ist auch das Dezimalkomma möglich:

```
TYPE
  PRealRangeValidator = ^TRealRangeValidator;
  TRealRangeValidator = OBJECT(TRealValidator)
    Max   : REAL;
    Min   : REAL;
    Fehler: BYTE;
    CONSTRUCTOR Init(AMin,AMax: REAL);
    PROCEDURE Error; VIRTUAL;
    FUNCTION IsValid(CONST S: STRING): BOOLEAN; VIRTUAL;
  END; {TRealRangeValidator}
```

```
CONSTRUCTOR TRealRangeValidator.Init(AMin,AMax: REAL);
BEGIN
  INHERITED Init;
  Max := AMax; Min := AMin; Fehler := 0;
END;

PROCEDURE TRealRangeValidator.Error;
VAR
  S,T: ARRAY [0..High(BYTE)] OF CHAR;
BEGIN
  CASE Fehler OF
    1: StrPCopy(S,'Ungültige Eingabe');
    2: StrCat(StrPCopy(S,'Eingabe ist kleiner als '),
       RealToPChar(Min,20,1,T));
    3: StrCat(StrPCopy(S,'Eingabe ist größer als '),
       RealToPChar(Max,20,1,T));
  END; {CASE}
  MessageBox(0,S,'Eingabeprüfung',
    mb_TaskModal OR mb_OK OR mb_IconExclamation);
END;

FUNCTION TRealRangeValidator.IsValid(CONST S: STRING): BOOLEAN;
VAR
  korrekt: BOOLEAN; R: REAL;
BEGIN
 R := StrToRealK(S,korrekt); {Rezept A.8}
 Fehler := 0; IF R<Min THEN Fehler := 2; IF R>Max THEN Fehler := 3;
 IF NOT korrekt THEN Fehler := 1; IsValid := (Fehler=0);
END;
```

Die Anwendung ist ähnlich wie im vorherigen Rezept. Der Befehl

```
E^.SetValidator
  (New(PRealRangeValidator,Init(-100.2,2E3)));
```

bei der Konstruktion des Dialogs führt, wenn etwa der Wert `-101` eingegeben wird, zur nebenstehenden Fehlermeldung.

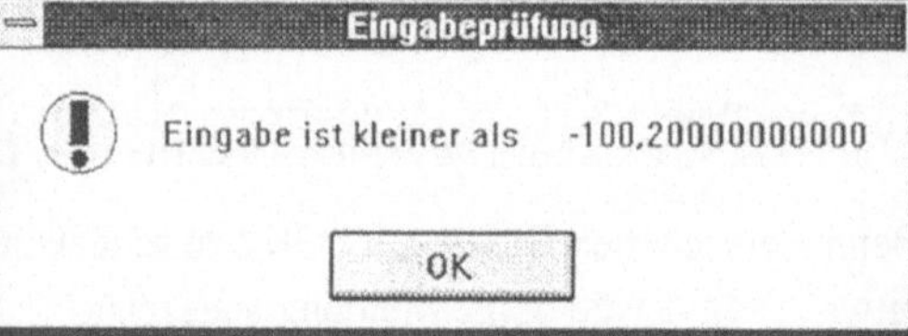

Ein Editierfeld vom Typ `TEdit` kann in Verbindung mit einem Bereichsvalidator zur Eingabe ganzer Zahlen eingesetzt werden. Allerdings muß man den vorgegebenen Wert in einen nullterminierten String umwandeln und erhält auch einen nullterminierten String zurück. Außerdem ist der Validator explizit zu setzen. Verwendet man statt `TEdit` das folgende Objekt, so kann man direkt über `LONGINT`-Zahlen mit dem zugehörigen Dialogfenster kommunizieren:

```
TYPE
  PEditLong = ^TEditLong;
  TEditLong = OBJECT(TEdit)
    CONSTRUCTOR InitResource
      (AParent    : PWindowsObject;
       ResourceID: WORD;
       Min,Max    : LONGINT);
    FUNCTION Transfer
      (DataPtr      : POINTER;
       TransferFlag: WORD): WORD; VIRTUAL;
  END; {TEditLong}
```

```
CONSTRUCTOR TEditLong.InitResource
  (AParent    : PWindowsObject;
   ResourceID: WORD;
   Min,Max    : LONGINT);
BEGIN
  INHERITED InitResource(AParent,ResourceID,12);
  SetValidator(New(PLongRangeValidator,Init(Min,Max))); {E.1}
END;

FUNCTION TEditLong.Transfer
  (DataPtr      : POINTER;
   TransferFlag: WORD): WORD;
TYPE
  PLongint = ^LONGINT;
VAR
  A: ARRAY[0..11] OF CHAR;
BEGIN
  Transfer := Sizeof(LONGINT);
  CASE TransferFlag OF
    tf_SetData: SetText(LongToPCharL(LONGINT(DataPtr^),High(A),A));
    tf_GetData: BEGIN
      GetText(A,High(A));
      PLongint(DataPtr)^ := PCharToLong(A); {Rezept A.6}
    END;
  END; {CASE}
END;
```

Eine typische Anwendung findet man im Rezept E.6 (`InputIntegerBox`).

Dieses Objekt ist zur Verwendung in Dialogfenstern vorgesehen. Will man es in Fenstern einsetzen, so muß man den Konstruktor `TEdit.Init` ebenfalls überschreiben.

Ein Editierfeld vom Typ `TEdit` kann in Verbindung mit dem Bereichsvalidator `TRealRangeValidator` (Rezept E.3) zur Eingabe reeller Zahlen eingesetzt werden. Allerdings muß man den vorgegebenen Wert in einen nullterminierten String umwandeln und erhält auch einen nullterminierten String zurück. Außerdem ist der Validator explizit zu setzen. Verwendet man statt `TEdit` das folgende Objekt, so kann man direkt über `REAL`-Zahlen mit dem zugehörigen Dialogfenster kommunizieren:

```
  PEditReal = ^TEditReal;
  TEditReal = OBJECT(TEdit)
    CONSTRUCTOR InitResource
      (AParent   : PWindowsObject;
       ResourceID: WORD;
       Min,Max   : REAL);
    FUNCTION Transfer(DataPtr: POINTER; TransferFlag: WORD): WORD;
      VIRTUAL;
  END; {TEditReal}
```

```
CONSTRUCTOR TEditReal.InitResource
  (AParent   : PWindowsObject;
   ResourceID: WORD;
   Min,Max   : REAL);
BEGIN
  INHERITED InitResource(AParent,ResourceID,21);
  SetValidator(New(PRealRangeValidator,Init(Min,Max))); {E.3}
END;

FUNCTION TEditReal.Transfer
  (DataPtr     : POINTER;
   TransferFlag: WORD): WORD;
TYPE
  PReal = ^REAL;
VAR
  Code: INTEGER;
  A   : ARRAY[0..20] OF CHAR;
BEGIN
  Transfer := Sizeof(REAL);
  CASE TransferFlag OF
    tf_SetData: SetText(RealToPChar(REAL(DataPtr^),High(A),0,A));
    tf_GetData: BEGIN
      GetText(A,High(A));
      PReal(DataPtr)^ := PCharToReal(A); {Rezept A.8}
    END;
  END; {CASE}
END;
```

Eine typische Anwendung findet man im Rezept E.7 (`InputRealBox`).

Dieses Objekt ist zur Verwendung in Dialogfenstern vorgesehen. Will man es in Fenstern einsetzen, so muß man den Konstruktor `TEdit.Init` ebenfalls überschreiben.

E.6 INTEGER-Eingabedialog anzeigen (WINDOWS)

Um ganzzahlige Werte einzugeben, kann man einen Eingabedialog vom Typ `TInputDialog` verwenden. Allerdings werden dort beliebige Zeichen akzeptiert, so daß man das Ergebnis hinterher überprüfen muß. Dagegen läßt das folgende Rezept nur gültige Eingaben im Bereich zwischen `Min` und `Max` zu und gibt das Ergebnis gleich als `LONGINT` zurück:

```
FUNCTION InputIntegerBox
  (     AParent: PWindowsObject;
        Text    : STRING;
        Min,Max: LONGINT;
    VAR Eingabe: LONGINT): BOOLEAN;
TYPE
  TData = RECORD
    St: ARRAY[0..255] OF CHAR;
    Ed: LONGINT;
  END; {TData}
VAR
  Dialog: PDialog;
  S     : PStatic;
  E     : PEditLong; {Rezept E.4}
  Data  : TData;
BEGIN
  StrPCopy(Data.St,Text);
  Data.Ed := Eingabe;
  Dialog := New(PDialog,Init(AParent,PChar(32514)));
  New(S,InitResource(Dialog,100,Sizeof(Data.St)));
  New(E,InitResource(Dialog,101,Min,Max));
  Dialog^.TransferBuffer := @Data;
  IF (Application^.ExecDialog(Dialog)=id_OK) THEN BEGIN
    InputIntegerBox := TRUE;
    Eingabe := Data.Ed;
  END
  ELSE
    InputIntegerBox := FALSE;
END;
```

Das folgende Programm ist Teil einer Botschaftsantwortmethode und zeigt den nebenstehenden Eingabedialog an:

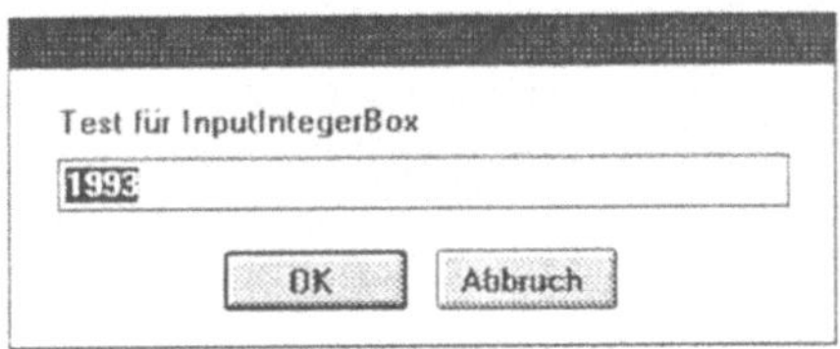


```
VAR Eingabe: LONGINT;
BEGIN
  Eingabe := 1993;
  IF InputIntegerBox
    (@Self,'Test für InputIntegerBox',-100,2000,Eingabe)
  THEN
    ... {Eingabe auswerten}
END;
```

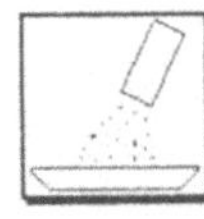

Um ein Dialogfenster im Borland-Stil zu erhalten, ersetzen Sie im Rezept den Ausdruck `PChar(32514)` durch `PChar(32517)`.

Das folgende Rezept zeigt ein Dialogfenster an, in das reelle Werte eingegeben werden können. Nur gültige Werte, die zudem zwischen den Grenzen `Min` und `Max` liegen müssen, werden in die Variable `Eingabe` übernommen:

```
FUNCTION InputRealBox
  (     AParent: PWindowsObject;
        Text    : STRING;
        Min,Max: REAL;
   VAR Eingabe: REAL): BOOLEAN;
TYPE
  TData = RECORD
    St: ARRAY[0..255] OF CHAR;
    Ed: REAL;
  END; {TData}
VAR
  Dialog: PDialog;
  S      : PStatic;
  E      : PEditReal; {Rezept E.5}
  Data   : TData;
BEGIN
  StrPCopy(Data.St,Text);
  Data.Ed := Eingabe;
  Dialog := New(PDialog,Init(AParent,PChar(32514)));
  New(S,InitResource(Dialog,100,Sizeof(Data.St)));
  New(E,InitResource(Dialog,101,Min,Max));
  Dialog^.TransferBuffer := @Data;
  IF (Application^.ExecDialog(Dialog)=id_OK) THEN BEGIN
    InputRealBox := TRUE;
    Eingabe := Data.Ed;
  END
  ELSE
    InputRealBox := FALSE;
END;
```

Die folgende Botschaftsantwortmethode zeigt das nebenstehende Fenster an und ermöglicht die Eingabe eines `Real`-Wertes. Nach Bestätigung mit „OK" wird der angegebene Wert in Festkommadarstellung angezeigt:

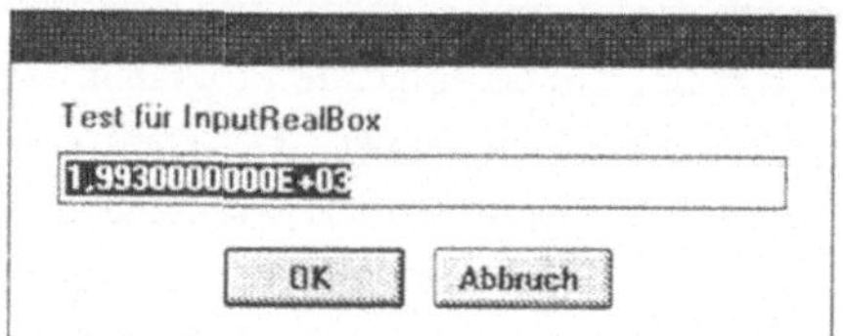


```
PROCEDURE TFenster.TestInputRealBox(VAR Msg: TMessage);
VAR
  Eingabe: REAL;
  S      : ARRAY[0..20] OF CHAR;
BEGIN
  Eingabe := 1.993E3;
  IF InputRealBox
    (@Self,'Test für InputRealBox',-100.2,2E3,Eingabe)
  THEN BEGIN
    Str(Eingabe:0:3,S);
    MessageBox(HWindow,S,'Eingabe bestätigt',mb_OK);
  END; {IF}
END;
```

Mit der Windows-API-Funktion `MessageBox` können Meldungen am Bildschirm angezeigt werden. Titel und Meldungstext sind dabei als `PChar` zu übergeben. Wenn diese Daten als Pascal-Strings vorliegen, muß man sie erst umwandeln. Das folgende Rezept erledigt das:

```
FUNCTION MessageBoxString
  (WndParent: HWnd;
   Txt      : STRING;
   Caption  : STRING;
   TextType : WORD): INTEGER;
VAR
  T,C: ARRAY[0..255] OF CHAR;
BEGIN
  MessageBoxString := MessageBox(WndParent,StrPCopy(T,Txt),
    StrPCopy(C,Caption),TextType);
END;
```

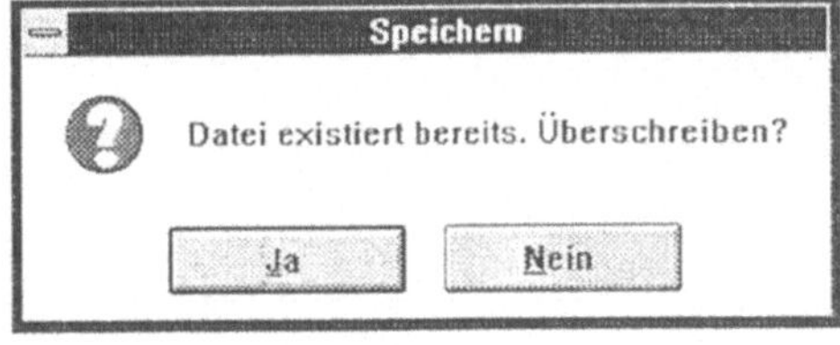

Das Rezept ist genauso anzuwenden wie die Funktion `MessageBox`. Dabei ist der Parameter `WndParent` das Handle des übergeordneten Fensters. Wenn der Aufruf aus einer Botschaftsantwortmethode eines Fensters heraus erfolgt, so erhält man den obenstehenden Dialog wie folgt:

```
VAR
  Text: STRING;
BEGIN
  ...
  Text := 'Datei existiert bereits. Überschreiben?';
  IF (MessageBoxString
    (HWindow,Text,'Speichern',mb_YesNo OR mb_IconQuestion)=idYes)
  THEN
    ... {Befehle zum Speichern der Datei}
  ...
END;
```

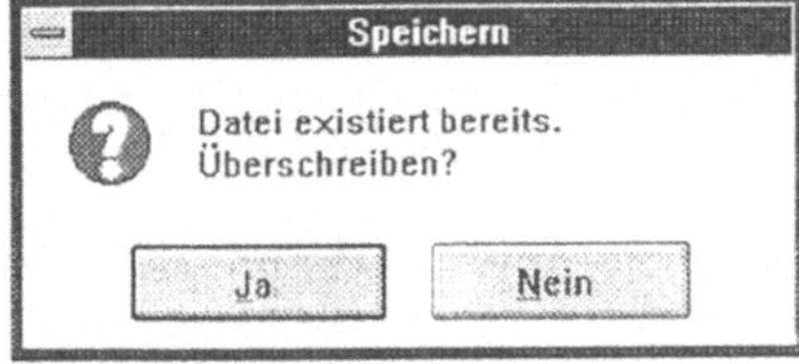

Mit `^M` lassen sich Zeilenumbrüche einführen. Die nebenstehende Anzeige erhält man, wenn man im obigen Programmbeispiel die Variable `Text` wie folgt definiert:

```
Text := 'Datei existiert bereits.'^M'Überschreiben?';
```

Das Objekt `TInputDialog` stellt ein Dialogfenster bereit, in das der Anwender einzeiligen Text eingeben kann. Das folgende Rezept erleichtert den Einsatz von Eingabedialogen ein wenig. `Eingabe` ist ein Textpuffer. Nach dem Aufruf des Dialogs wird sein Inhalt angezeigt und kann geändert werden. Drückt man den Schalter „OK“ im Dialog, so werden die Änderungen nach `Eingabe` übernommen und können vom Programm weiterverarbeitet werden. Die Variable `Laenge` gibt die Länge dieses Puffers an.

```
FUNCTION InputBox
  (AParent      : PWindowsObject;
   Ueberschrift: PChar;
   Text         : PChar;
   Eingabe      : PChar;
   Laenge       : WORD): BOOLEAN;
BEGIN
  InputBox := (Application^.ExecDialog(New(PInputDialog,
    Init(AParent,Ueberschrift,Text,Eingabe,Laenge)))=id_OK);
END;
```

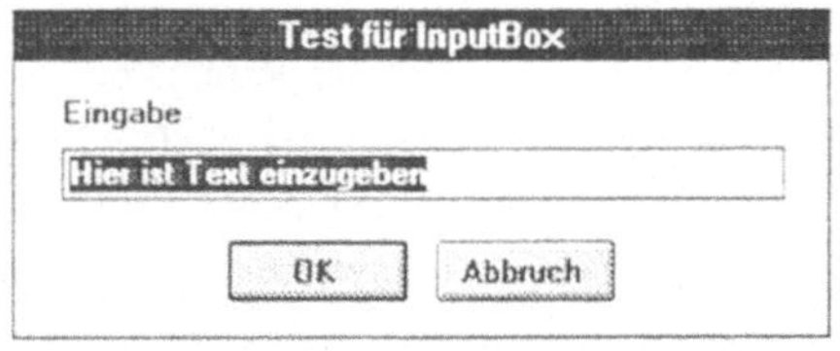

Um einen Eingabedialog aufzurufen, hat man einen genügend großen Textpuffer bereitzustellen, mit dem anzuzeigenden Text (das kann auch ein Leerstring sein) zu initialisieren und anschließend `InputBox` aufzurufen. Eine Botschaftsantwortmethode, die den obenstehenden Eingabedialog ergibt, kann wie folgt aussehen:

```
PROCEDURE THauptfenster.TestInputBox(VAR Msg: TMessage);
VAR
  T: ARRAY[0..255] OF CHAR;
BEGIN
  StrCopy(T,'Hier ist Text einzugeben');
  IF InputBox(@Self,'Test für InputBox','Eingabe',T,40) THEN
    MessageBox(HWindow,T,'Eingegeben:',mb_OK);
END;
```

	Windows-Stil	Borland-Stil
Eingabedialog	32514	32517

Die Ressourcen für die Dateidialoge stehen in `OSTDDLG.RES` (vgl. obenstehende Tabelle). Änderungen (z.B. Übersetzungen ins Deutsche) sind mit Ressource Workshop leicht durchzuführen.

Das vorhergehende Rezept erfordert die anzuzeigenden Texte und den Eingabepuffer als `PChar`. Möchte man statt dessen Pascal-Strings einsetzen, so hilft das folgende Rezept weiter:

```
FUNCTION InputBoxString
  (    AParent      : PWindowsObject;
       Ueberschrift: STRING;
       Text         : STRING;
   VAR Eingabe      : STRING;
       Laenge       : BYTE): BOOLEAN;
VAR
  U,T,E: ARRAY[0..255] OF CHAR;
BEGIN
  IF InputBox(AParent,StrPCopy(U,Ueberschrift),StrPCopy(T,Text),
    StrPCopy(E,Eingabe),Laenge)
  THEN BEGIN
    InputBoxString := TRUE;
    Eingabe := StrPas(E);
  END
  ELSE
    InputBoxString := FALSE;
END;
```

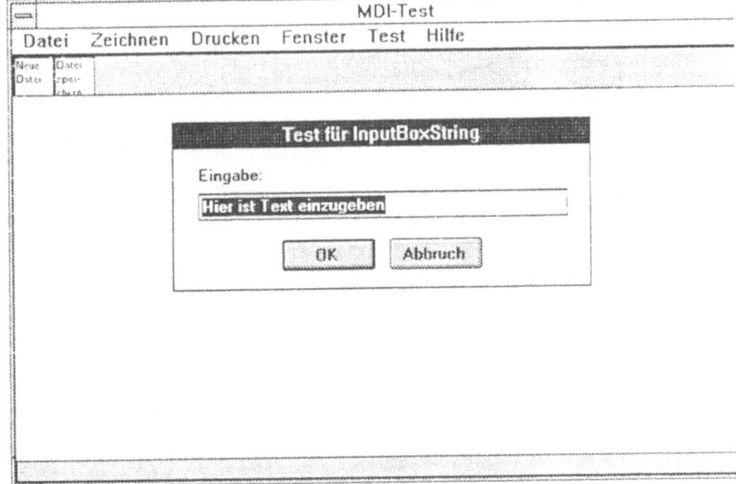

Den obenstehenden Eingabedialog erhält man mit folgendem Programm:

```
PROCEDURE THauptfenster.TestInputBoxString(VAR Msg: TMessage);
VAR
  Text: STRING;
BEGIN
  Text := 'Hier ist Text einzugeben';
  IF InputBoxString
    (@Self,'Test für InputBoxString','Eingabe:',Text,40)
  THEN
    MessageBoxString(HWindow,Text,'Eingegeben:',mb_OK);
END;
```

Typ des Dialogs	Windows-Stil	Borland-Stil	automatisch
Datei öffnen	sd_WNFileOpen	sd_BCFileOpen	sd_FileOpen
Datei speichern unter	sd_WNFileSave	sd_BCFileSave	sd_FileSave

Dateidialoge dienen dazu, Pfad und Name einer zu öffnenden oder zu speichernden Datei einzugeben. Der etwas komplizierte Aufruf wird durch das folgende Rezept erleichtert. `Name` ist ein Puffer, der den kompletten Dateinamen (einschließlich des Pfades) enthält und mindestens die Größe `ARRAY[0..fsPathName]` haben muß. Die möglichen Werte für die Variable `Typ` sind in der obigen Tabelle zusammengefaßt. Sie legen fest, welcher Typ des Dialogs (öffnen oder speichern) und welcher Stl (Windows-Standard, Borland oder automatisch) angezeigt werden. Betätigt man im Dialog den Schalter „OK", so wird der eingegebene komplette Dateiname in den Puffer `Name` übertragen, und das Rezept gibt `TRUE` zurück.

```
FUNCTION FileBox
  (AParent: PWindowsObject;
   Name    : PChar;
   Typ     : WORD): BOOLEAN;
BEGIN
  FileBox := (Application^.ExecDialog(New(PFileDialog,
    Init(AParent,PChar(Typ),Name)))=id_OK);
END;
```

Ist `THauptfenster` das Hauptfenster einer Anwendung, so kann die Botschaftsantwortmethode für das Öffnen einer Textdatei wie folgt lauten; einen möglichen Dateidialog sehen Sie rechts:

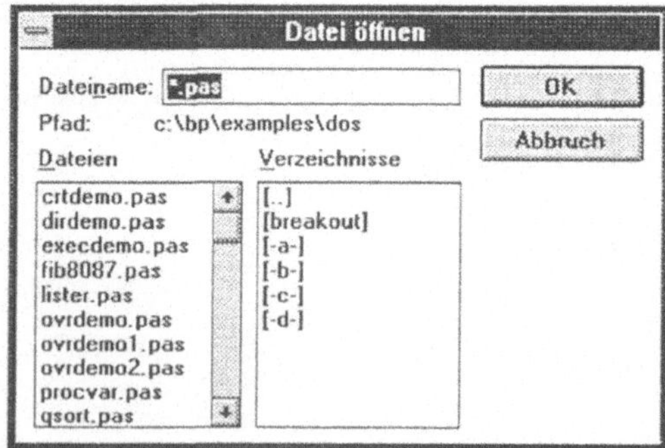


```
PROCEDURE THauptfenster.TextdateiOeffnen(VAR Msg: TMessage);
VAR
  Datei: Text;
  Name : ARRAY[0..fsPathName] OF CHAR;
BEGIN
  StrCopy(Name,'C:\bp\examples\dos\*.pas');
  IF NOT FileBox(@Self,Name,sd_WNFileOpen) THEN Exit;
  Assign(Datei,StrPas(Name));
  Reset(Datei);
  ... {Befehle zum Lesen der Datei}
  Close(Datei);
END;
```

E.12 String-Dateidialog anzeigen (WINDOWS) 31

Das vorhergehende Rezept benötigt einen Puffer vom Typ `PChar`. Seine Deklaration und Initialisierung ist etwas mühsam und fehleranfällig. Möchte man statt dessen einen Pascal-String verwenden, so kann man das folgende Rezept einsetzen:

```
FUNCTION FileBoxString
  (     AParent: PWindowsObject;
   VAR Name    : STRING;
       Typ     : WORD): BOOLEAN;
VAR
  N: ARRAY[0..255] OF CHAR;
BEGIN
  IF FileBox(AParent,StrPCopy(N,Name),Typ) THEN BEGIN {Rezept E.11}
    FileBoxString := TRUE;
    Name := StrPas(N);
  END
  ELSE
    FileBoxString := FALSE;
END;
```

Eine Botschaftsantwortmethode für das Speichern einer Textdatei kann folgendermaßen lauten:

Datei speichern unter
Dateiname:
OK
Pfad: c:\vierez\programm\mdi
Abbruch
Verzeichnisse
[..]
[-a-]
[-b-]
[-c-]
[-d-]

```
PROCEDURE TFenster.
  TextdateiSpeichernUnter
  (VAR Msg: TMessage);
VAR
  Datei: Text;
  Name : STRING;
BEGIN
  Name := '';
  IF NOT FileBoxString(@Self,Name,sd_WNFileSave) THEN Exit;
  Assign(Datei,Name);
  ... {Befehle für das Speichern}
END;
```

	Windows-Stil	Borland-Stil
Datei öffnen	32512	32513
Datei speichern unter	32513	32516

Die Ressourcen für die Dateidialoge stehen in `OSTDDLG.RES` (vgl. obenstehende Tabelle). Änderungen (z.B. Übersetzungen ins Deutsche) sind mit Ressource Workshop leicht durchzuführen.

Wenn ein Dialogfenster eine Gruppe von RadioButtons enthält, müssen deren Zustände vor Aufruf des Dialogfensters in den Transferrecord geschrieben und hinterher wieder ausgewertet werden. Die beiden folgenden Rezepte erleichtern diese Aufgabe. `Data` hat den Typ `ARRAY[First..Last] OF WORD`; `Selected` bezeichnet das ausgewählte Schaltfeld.

```
PROCEDURE SetRadioButtons
  (VAR Data;
       First,Last: BYTE;
       Selected  : BYTE);
VAR
  i: BYTE;
  D: TWordArray ABSOLUTE Data;
BEGIN
  FOR i:=First TO Last DO D[i-First] := bf_Unchecked;
  IF (Selected<First) OR (Selected>Last) THEN Exit;
  D[Selected-First] := bf_Checked;
END;
```

```
PROCEDURE GetRadioButtons
  (var Data;
       First,Last: BYTE;
   VAR Selected  : BYTE);
VAR
  i: BYTE;
  D: TWordArray ABSOLUTE Data;
BEGIN
  Selected := First;
  FOR i:=First TO Last DO
    IF D[i-First]=bf_Checked THEN Selected := i;
END;
```

Das folgende Beispiel erzeugt einen Dialog, der neun RadioButtons enthält. Beim Aufruf enthält `Sel` die Nummer des voreingestellten Schaltfelds; am Ende wird in `Sel` die Auswahl des Anwenders zurückgegeben. Die IDs der Schaltfelder sind als 101...109 vorausgesetzt.

```
PROCEDURE Eingabe(AParent: PWindowsObject; VAR Sel: BYTE);
TYPE
  TData = RECORD
    W: ARRAY[1..9] OF WORD;
  END; {TData}
VAR
  D   : PDialog;
  R   : PRadioButton;
  Data: TData;
  i   : BYTE;
BEGIN
  SetRadioButtons(Data.W,Low(Data.W),High(Data.W),Sel);
  D := New(PDialog,Init(AParent,PChar(101)));
  FOR i:=Low(Data.W) TO High(Data.W) DO
    New(R,InitResource(D,100+i));
  D^.TransferBuffer := @Data;
  Application^.ExecDialog(D);
  GetRadioButtons(Data.W,Low(Data.W),High(Data.W),Sel);
END;
```

E.14 Transferrecords für CheckBoxes setzen (WINDOWS) 33

Wenn ein Dialogfenster eine Gruppe von CheckBoxes enthält, müssen deren Zustände vor Aufruf des Dialogfensters in den Transferrecord geschrieben und hinterher wieder ausgewertet werden. Oft sind die Zustände als boolesche Variable gegeben; der Transfermechanismus verlangt aber den Typ `WORD` (`bf_Checked` bzw. `bf_Unchecked`). Das folgende Rezept schreibt ein Array von booleschen Werten in den Transferrecord. `Data` hat den Typ `ARRAY[First..Last] OF WORD`; `Selected` (`ARRAY[First..Last] OF Boolean`) gibt für jedes Auswahlfeld an, ob es ein- oder ausgeschaltet ist.

```
PROCEDURE SetCheckBoxes
  (VAR Data;
       First,Last: BYTE;
   var Selected);
VAR
  i: BYTE;
  D: TWordArray ABSOLUTE Data;
  S: TBoolArray ABSOLUTE Selected;
BEGIN
  FOR i:=0 TO Last-First DO
    IF S[i] THEN D[i] := bf_Checked
    ELSE D[i] := bf_Unchecked;
END;
```

Das Rezept verwendet den folgenden Typ:

```
  TBoolArray = ARRAY[0..16383] OF BOOLEAN;
```

Das folgende Beispiel erzeugt einen Dialog, der drei CheckBoxes enthält. Beim Aufruf enthalten `A`, `B` und `C` deren Zustände. Die IDs der Schaltfelder sind als 101...103 vorausgesetzt.

```
PROCEDURE Eingabe(AParent: PWindowsObject; VAR A,B,C: BOOLEAN);
TYPE
  TData = RECORD
    W: ARRAY[1..3] OF WORD;
  END; {TData}
VAR
  D    : PDialog;
  C    : PCheckBox;
  Data: TData;
  i    : BYTE;
  Sel  : ARRAY[Low(Data.W)..High(Data.W)] OF BOOLEAN;
BEGIN
  Sel[1] := A;
  Sel[2] := B;
  Sel[3] := C;
  SetCheckBoxes(Data.W,Low(Data.W),High(Data.W),Sel);
  D := New(PDialog,Init(AParent,PChar(101)));
  FOR i:=Low(Data.W) TO High(Data.W) DO
    New(R,InitResource(D,100+i));
  D^.TransferBuffer := @Data;
  Application^.ExecDialog(D);
  ... {Transferrecord auswerten}
END;
```

E.15 Transferrecords für CheckBoxes auswerten (WIND.)

Mit dem vorhergehenden Rezept wurden die Zustände einer Gruppe von Auswahlfeldern in den Transferrecord eines Dialogs geschrieben. Die Auswertung nach dem Ende des Dialogs erledigt das folgende Rezept:

```
PROCEDURE GetCheckBoxes
  (var Data;
       First,Last: BYTE;
   VAR Selected);
VAR
  i: BYTE;
  D: TWordArray ABSOLUTE Data;
  S: TBoolArray ABSOLUTE Selected;
BEGIN
  FOR i:=0 TO Last-First DO
    IF D[i]=bf_Checked THEN
      S[i] := TRUE
    ELSE
      S[i] := FALSE;
END;
```

Das folgende Dialogbeispiel mit drei CheckBoxes überträgt deren Zustände in die Variablen `A`, `B` und `C`:

```
PROCEDURE Eingabe
  (    AParent: PWindowsObject;
   VAR A,B,C  : BOOLEAN);
TYPE
  TData = RECORD
    W: ARRAY[1..3] OF WORD;
  END; {TData}
VAR
  D   : PDialog;
  C   : PCheckBox;
  Data: TData;
  i   : BYTE;
  Sel : ARRAY[Low(Data.W)..High(Data.W)] OF BOOLEAN;
BEGIN
  ... {Transferrecord laden}
  D := New(PDialog,Init(AParent,PChar(101)));
  FOR i:=Low(Data.W) TO High(Data.W) DO
    New(R,InitResource(D,100+i));
  D^.TransferBuffer := @Data;
  IF Application^.ExecDialog(D)=id_OK THEN BEGIN
    GetCheckBoxes(Data.W,Low(Data.W),High(Data.W),Sel);
    A := Sel[1];
    B := Sel[2];
    C := Sel[3];
  END; {IF}
END;
```

G Graphik unter DOS

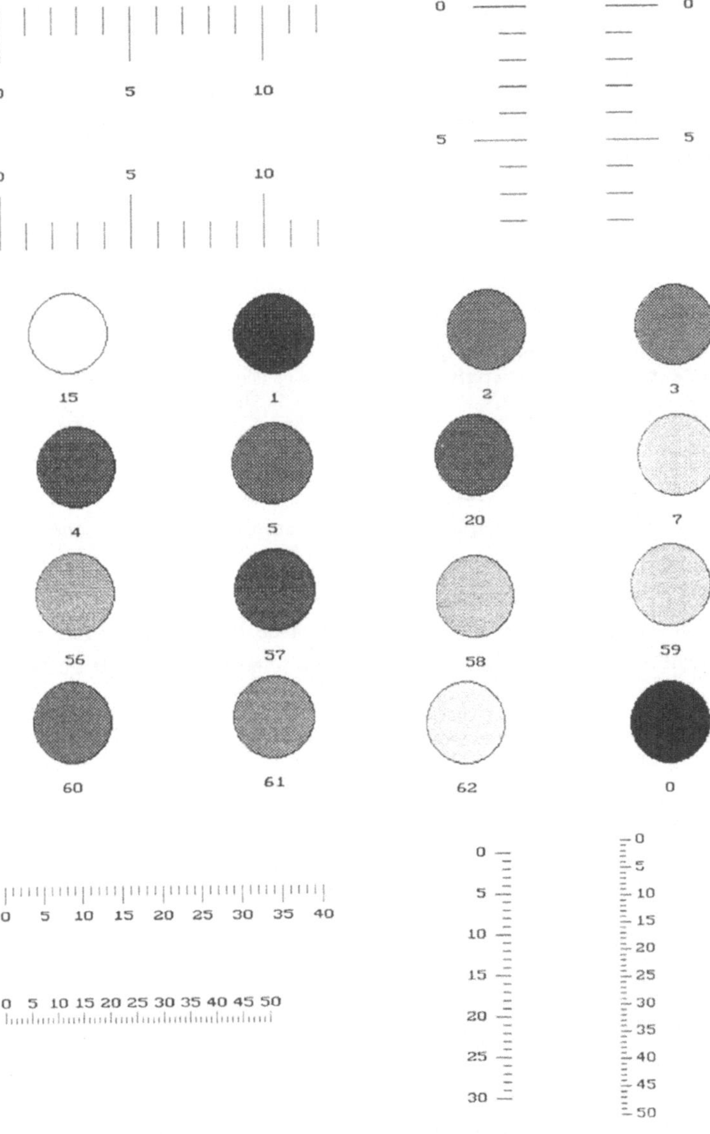

Um in einem DOS-Programm den Graphik-Modus zu aktivieren, ist eine Reihe von Befehlen nötig. Das folgende Rezept faßt diese zusammen. Wenn ein Graphikmodus ermittelt werden konnte, wird `TRUE` zurückgegeben, und `GraphMode` enthält dessen Nummer. Andernfalls enthält `ErrorText` einen Fehlertext, der vom aufrufenden Programm ausgewertet werden kann. Am Schluß stellt das Rezept wieder den Textmodus her.

```
FUNCTION TestGraph
  (VAR GraphMode: INTEGER;
   VAR ErrorText: STRING): BOOLEAN;
CONST Treiberpfad = 'C:\BP\BGI';
VAR
  GraphDriver, ErrorCode: INTEGER;
BEGIN
  ErrorText := ''; TestGraph := TRUE; GraphDriver := Detect;
  InitGraph(GraphDriver,GraphMode,Treiberpfad);
  ErrorCode := GraphResult;
  IF ErrorCode<>grOK THEN BEGIN
    ErrorText := GraphErrorMsg(ErrorCode); TestGraph := FALSE;
  END; {IF}
  RestoreCrtMode;
END;
```

Nachdem das Rezept ausgeführt wurde, kann mit den Befehlen `SetGraphMode(GraphMode)` und `RestoreCrtMode` zwischen Graphik- und Textmodus gewechselt werden. Vor Programmende sollte `CloseGraph` aufgerufen werden. Da Graphik nur möglich ist, wenn ein Graphikmodus gefunden wurde, sollte man eine globale Variable `Graphik_moeglich` bereitstellen und vor dem Umschalten abfragen. Das folgende Beispiel zeigt das Prinzip der Anwendung:

```
CONST Graphik_moeglich: BOOLEAN = FALSE;
VAR   ErrorText       : STRING;

PROCEDURE Teste_TestGraph;
VAR GraphMode: INTEGER;
BEGIN
  Graphik_moeglich := TestGraph(GraphMode,ErrorText);
  Writeln('Textmodus'); Writeln(ErrorText);
  Write('Eingabetaste drücken '); Readln;
  IF Graphik_moeglich THEN BEGIN
    SetGraphMode(GraphMode); Rectangle(10,10,100,100);
    OutTextXY(0,150,'Eingabetaste drücken '); Readln;
  END; {IF}
  IF Graphik_moeglich THEN CloseGraph;
END;
```

1) Wenn Sie nach Aufruf des Rezepts im Graphikmodus bleiben wollen, können Sie den letzten Befehl `RestoreCrtMode` weglassen.

2) Die Konstante `Treiberpfad` im Rezept enthält den Pfad, in dem sich die Graphiktreiber befinden. Ist hier ein Leerstring angegeben, so wird der Treiber im momentan gesetzten Verzeichnis gesucht.

Die im Graphikmodus verfügbaren Farben werden durch eine Farbpalette beschrieben, die durch den Typ

```
PaletteType = RECORD
  Size  : BYTE;
  Colors: ARRAY[0..15] OF SHORTINT;
END;
```

definiert ist. Im Feld `Colors` sind nur die Einträge 0..`Size`-1 definert und enthalten Farbkonstanten (vgl. Borland Pascal mit Objekten, Referenzhandbuch S. 53f). Das folgende Rezept zeigt die verfügbaren Farben zusammen mit den zugehörigen Farbkonstanten an:

```
PROCEDURE ZeigePalette;
CONST
  Versatz = 15;
  Y       = 5+Versatz;
VAR
  Palette     : PaletteType;
  TextSettings: TextSettingsType;
  i           : SHORTINT;
  X           : INTEGER;
  M           : STRING;
BEGIN
  ClearDevice;
  GetPalette(Palette);
  GetTextSettings(TextSettings);
  SetTextJustify(CenterText,TopText);
  X := 5+Versatz;
  FOR i:=0 TO Palette.Size-1 DO BEGIN
    SetFillStyle(SolidFill,i);
    FillEllipse(X,Y,Versatz,Versatz);
    Str(Palette.Colors[i],M);
    OutTextXY(X,Y+2*Versatz,M);
    Inc(X,2*Versatz+(Versatz DIV 3));
  END; {FOR}
  SetTextSettings(TextSettings);
  OutTextXY(0,Y+4*Versatz,'Eingabetaste druecken');
  Readln;
END;
```

Die Anzeige der Farbpalette kann durch das folgende Testprogramm erfolgen. Wie das Ergebnis aussieht, finden Sie beim Rezept G.3.

```
          PROCEDURE Teste ZeigePalette;
VAR
  GraphMode: INTEGER;
  ErrorText: STRING;
BEGIN
  IF TestGraph(GraphMode,ErrorText) THEN BEGIN {Rezept G.1}
    SetGraphMode(GraphMode);
    ZeigePalette;
    CloseGraph;
  END; {IF}
END;
```

Standardmäßig wird mit weißem Stift auf schwarzem Hintergrund gezeichnet. Das folgende Rezept vertauscht diese Farben, so daß man „schwarz auf weiß“ zeichnen kann; die ursprüngliche Palette wird in der Variablen `Palette` zurückgegeben:

```
PROCEDURE SchwarzAufWeiss(VAR Palette: PaletteType);
BEGIN
  GetPalette(Palette);
  SetPalette(0,White);
  SetPalette(15,Black);
END;
```

Mit `SetAllPalette(Palette)` kann die ursprüngliche Palette wiederhergestellt werden.

Das folgende Testprogramm zeigt einige Farbpaletten an:

1) Ursprüngliche Palette
2) Schwarz - Weiß vertauschte Palette
3) Rekonstruierte ursprüngliche Palette

```
VAR
  GraphMode: INTEGER;
  ErrorText: STRING;
  Palette  : PaletteType;
BEGIN
  IF TestGraph(GraphMode,ErrorText) THEN BEGIN {Rezept G.1}
    SetGraphMode(GraphMode);  ZeigePalette;
    SchwarzAufWeiss(Palette); ZeigePalette;
    SetAllPalette(Palette);   ZeigePalette;
    CloseGraph;
  END; {IF}
END;
```

Die beiden Bilder zeigen die ursprüngliche und die geänderte Palette; die Farben sind durch Graustufen dargestellt.

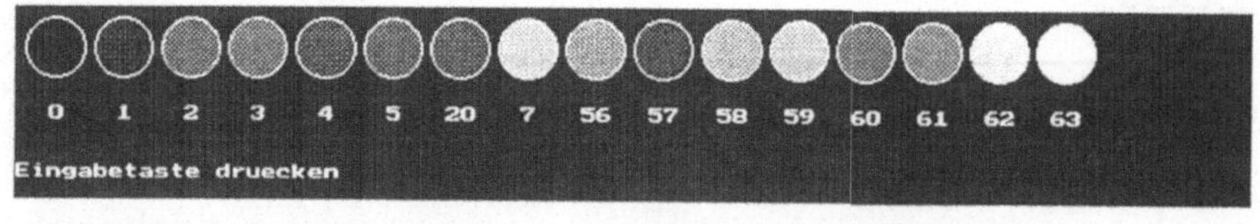

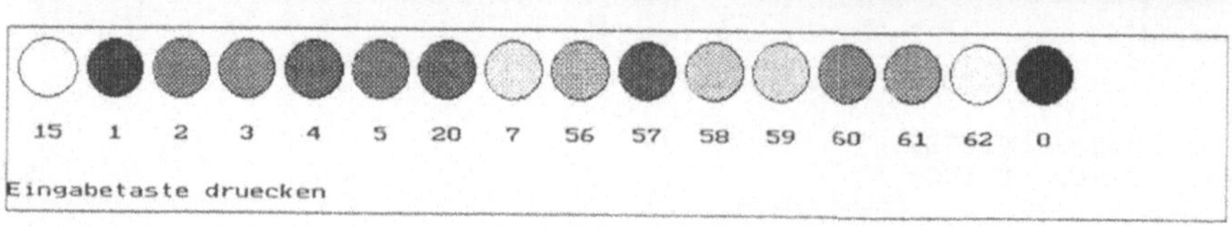

Dieses Rezept ist (ebenso wie die Prozedur `SetAllPalette`) für IBM8514- und für VGA-Karten im 256-Farben-Modus nicht verwendbar.

Wenn man Text- oder Zeichenstile ändert, sollte man vorher die aktiven Einstellungen abfragen, um sie hinterher wieder rekonstruieren zu können. Die drei folgenden Rezepte erleichtern die Rekonstruktion:

```
PROCEDURE SetTextSettings(TextInfo: TextSettingsType);
BEGIN
  WITH TextInfo DO BEGIN
    SetTextJustify(Horiz,Vert);
    SetTextStyle(Font,Direction,CharSize);
  END;
END;
```

```
PROCEDURE SetLineSettings(LineInfo: LineSettingsType);
BEGIN
  WITH LineInfo DO SetLineStyle(LineStyle,Pattern,Thickness);
END;
```

```
PROCEDURE SetFillSettings(FillInfo: FillSettingsType);
BEGIN
  WITH FillInfo DO SetFillStyle(Pattern,Color);
END;
```

Das folgende Programm ändert die Texteinstellungen und stellt am Ende den ursprünglichen Zustand wieder her:

```
VAR
  TextSettings: TextSettingsType;
BEGIN
  GetTextSettings(TextSettings);
  SetTextJustify(CenterText,TopText);
  SetTextStyle(DefaultFont,VertDir,16);
  ... {Textausgabe}
  SetTextSettings(TextSettings);
END;
```

Die folgende Tabelle faßt einige Möglichkeiten zusammen, um Stile und Farben zu ermitteln, zu verändern und wieder herzustellen. Rezepte sind fett, Standardprozeduren und -funktionen mager gedruckt.

	Ermitteln	Verändern	Wiederherstellen
Text	GetTextSettings	SetTextJustify SetTextStyle	**SetTextSettings**
Linien	GetLineSettings	SetLineStyle	**SetLineSettings**
Füllmuster	GetFillSettings	SetFillStyle	**SetFillSettings**
Farbpalette	GetPalette	SetPalette	SetAllPalette
Vordergrundfarbe	GetColor	SetColor	SetColor
Hintergrundfarbe	GetBkColor	SetBkColor	SetBkColor

Die Prozeduren in der Zeile „Farbpalette“ sind für einen IBM8514-Adapter und für VGA mit 256 Farben nicht geeignet.

40 G.5 Waagrechtes Rasterlineal zeichnen (DOS-Graphik)

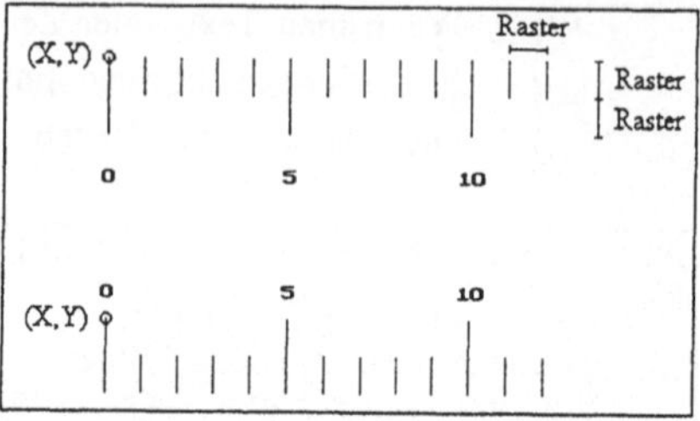

In graphischen Darstellungen ist es oft nützlich, das verwendete Raster durch ein **Lineal** zu veranschaulichen. Das folgende Rezept zeichnet ein waagrechtes Rasterlineal. Je nach dem Wert von `unten` wird die Bezifferung darunter oder darüber angebracht. `Raster` ist der Abstand der Teilstriche in Pixeln, `Laenge` die gesamte Anzahl der Teilstriche, wobei der erste Teilstrich nicht mitgezählt wird. (`X,Y`) bezeichnet das obere Ende des ersten Teilstrichs in Bildschirmkoordinaten (vgl. das obige Bild, wo auch Größe und Abstand der Teilstriche abzulesen sind).

```
PROCEDURE RasterlinealWaagrecht
  (X,Y    : INTEGER;
   Raster: BYTE;
   Laenge: INTEGER;
   unten : BOOLEAN);
VAR
  i     : INTEGER;
  M     : STRING;
  Yl,Yt: INTEGER;
BEGIN
  IF unten THEN BEGIN
    SetTextJustify(CenterText,TopText);
    Yl := Y;
    Yt := Y+3*Raster;
  END
  ELSE BEGIN
    SetTextJustify(CenterText,BottomText);
    Yl := Y+Raster;
    Yt := Y-Raster DIV 2;
  END; {IF}
  FOR i:=0 TO Laenge DO BEGIN
    Line(X+i*Raster,Yl,X+i*Raster,Yl+Raster);
    IF (i MOD 5)=0 THEN BEGIN
      Line(X+i*Raster,Y,X+i*Raster,Y+2*Raster);
      Str(i,M);
      OutTextXY(X+i*Raster,Yt,M);
    END; {IF}
  END; {FOR}
  SetTextJustify(LeftText,TopText);
END;
```

Das nebenstehende Bild wird durch folgende Befehle gezeichnet:

```
RasterlinealWaagrecht
  (40,50,6,40,TRUE);
RasterlinealWaagrecht
  (40,150,4,50,FALSE);
```

0 5 10 15 20 25 30 35 40

0 5 10 15 20 25 30 35 40 45 50

Das Rezept auf dieser Seite zeichnet ein **senkrechtes Rasterlineal**. Es arbeitet ähnlich wie das vorherige Rezept: Je nach dem Wert von `links` wird die Bezifferung links oder rechts angebracht. `Raster` ist der Abstand der Teilstriche in Pixeln, `Laenge` die gesamte Anzahl der Teilstriche, wobei der erste Teilstrich nicht mitgezählt wird. (X,Y) bezeichnet das linke Ende des ersten Teilstrichs in Bildschirmkoordinaten (vgl. das obige Bild).

(X,Y) (X,Y)
0 0
5 5

```
PROCEDURE RasterlinealSenkrecht
  (X,Y   : INTEGER;
   Raster: BYTE;
   Laenge: INTEGER;
   links : BOOLEAN);
VAR
  i     : INTEGER;
  M     : STRING;
  Xl,Xt: INTEGER;
BEGIN
  IF links THEN BEGIN
    SetTextJustify(RightText,CenterText);
    Xl := X+Raster;
    Xt := X-Raster;
  END
  ELSE BEGIN
    SetTextJustify(LeftText,CenterText);
    Xl := X;
    Xt := X+3*Raster;
  END; {IF}
  FOR i:=0 TO Laenge DO BEGIN
    Line(Xl,Y+i*Raster,Xl+Raster,Y+i*Raster);
    IF (i MOD 5)=0 THEN BEGIN
      Line(X,Y+i*Raster,X+2*Raster,Y+i*Raster);
      Str(i,M);
      OutTextXY(Xt,Y+i*Raster,M);
    END; {IF}
  END; {FOR}
  SetTextJustify(LeftText,TopText);
END;
```

Das nebenstehende Bild wird durch folgende Befehle gezeichnet:

```
RasterlinealSenkrecht
  (30,30,6,30,TRUE);
RasterlinealSenkrecht
  (130,30,4,50,FALSE);
```

0 5 10 15 20 25 30

0 5 10 15 20 25 30 35 40 45 50

Ellipsen, die mit dem aktuellen Muster ausgefüllt sind, kann man bekanntlich mit der Standardprozedur `FillEllipse` zeichnen. Für Rechtecke und Dreiecke gibt es dagegen keine direkte Methode, um diesen Effekt zu erreichen. Die Standardprozedur `Rectangle` zeichnet zwar ein Rechteck, füllt es aber mit der Hintergrundfarbe. Um ein Rechteck mit dem aktuellen Muster zu füllen, braucht man die umständliche Prozedur `FillPoly`. Das folgende Rezept erledigt das; allerdings muß das Füllmuster vorher gesetzt sein.

```
PROCEDURE FillRect(X1,Y1,X2,Y2: INTEGER);
VAR
  Punkte: ARRAY[1..4] OF PointType;
BEGIN
  Punkte[1].X := X1;
  Punkte[1].Y := Y1;
  Punkte[3].X := X2;
  Punkte[3].Y := Y2;
  Punkte[2].X := Punkte[3].X;
  Punkte[2].Y := Punkte[1].Y;
  Punkte[4].X := Punkte[1].X;
  Punkte[4].Y := Punkte[3].Y;
  FillPoly(4,Punkte);
END;
```

Analog zeichnet das folgende Rezept ein ausgefülltes Dreieck; dazu sind lediglich die drei Eckpunkte anzugeben. Auch hier muß das Füllmuster vorher gesetzt werden.

```
PROCEDURE FillDreieck(X1,Y1,X2,Y2,X3,Y3: INTEGER);
VAR
  Punkte: ARRAY[1..3] OF PointType;
BEGIN
  Punkte[1].X := X1;
  Punkte[1].Y := Y1;
  Punkte[2].X := X2;
  Punkte[2].Y := Y2;
  Punkte[3].X := X3;
  Punkte[3].Y := Y3;
  FillPoly(3,Punkte);
END;
```

Die untenstehenden rot bzw. blau schraffierten Figuren erhält man mit folgenden Befehlen:

```
SetFillStyle(BkSlashFill,red);
FillDreieck(100,300,150,400,50,400);
SetFillStyle(XHatchFill,blue);
FillRect(250,300,550,400);
```

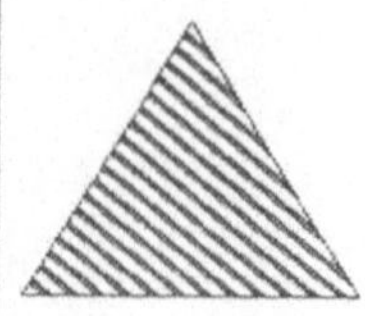

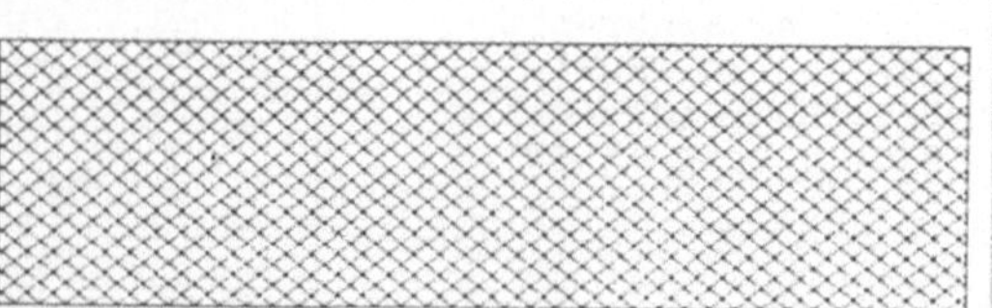

I Informationen über das System

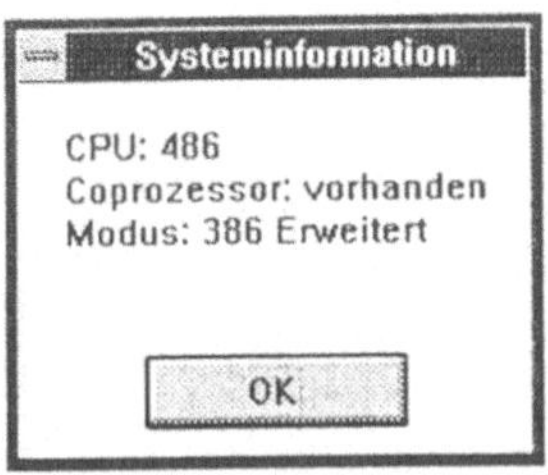

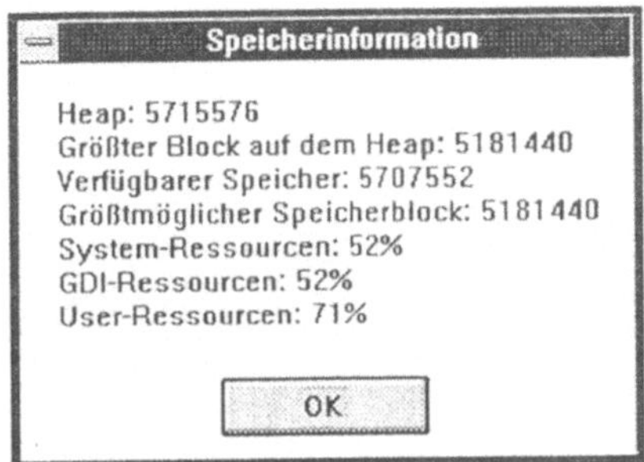

Treiber: EGAVGA
Grafikmodus: 640 x 480 VGA (2)
Moegliche Grafikmodi:
640 x 200 EGA (0)
640 x 350 EGA (1)
640 x 480 VGA (2)
Bildschirmbreite: 640
Bildschirmhoehe: 480

Mit dem folgenden Rezept lassen sich einige Daten über den verfügbaren Speicherplatz sowie über den Typ der CPU und über den Einsatz des Coprozessors ermitteln:

```
PROCEDURE Speicherdaten
  (VAR TotalMem: LONGINT;
   VAR MaxMem  : LONGINT;
   VAR CPU     : STRING;
   VAR Copr    : STRING);
BEGIN
  TotalMem := MemAvail;
  MaxMem := MaxAvail;
  CASE Test8086 OF
    0: CPU := '8086';
    1: CPU := '80286';
    2: CPU := '80386 oder höher';
    ELSE CPU := 'unbekannt';
  END; {CASE}
  CASE Test8087 OF
    0: Copr := 'nicht vorhanden oder nicht verwendet';
    1: Copr := '80807';
    2: Copr := '80287';
    3: Copr := '80387 oder höher';
    ELSE Copr := 'unbekannt';
  END; {CASE}
END;
```

Dieses Rezept kann an einer beliebigen Stelle eines DOS-Programms aufgerufen werden (auch im Graphikmodus). Anwendungsbeispiele sind in den Programmtexten der Rezepte „Speicherplatz anzeigen (DOS-Text)“ und „Speicherplatz anzeigen (DOS-Graphik)“ zu finden.

Die Bedeutung der einzelnen Variablen des Rezepts ist in der folgenden Tabelle angegeben:

Variable	Erklärung	Mögliche Werte
`TotalMem`	Gesamte Größe des freien Speichers auf dem Heap	`LONGINT`
`MaxMem`	Größe des größten Speicherblocks auf dem Heap	`LONGINT`
`CPU`	Typ der CPU	'8086' '80286' '80386 oder höher'
`Copr`	Gibt an, ob im laufenden Programm der Coprozessor tatsächlich verwendet wird	'nicht vorhanden oder nicht verwendet' '80807' '80287' '80387 oder höher'

Das folgende Rezept zeigt den verfügbaren Speicherplatz sowie Informationen über die CPU und den Coprozessor an und wartet auf eine Bestätigung mit der Eingabetaste. Es kann nur in einem DOS-Programm aufgerufen werden, das im Textmodus läuft.

```
PROCEDURE Speicherplatz;
CONST
  Stellen = 10;
VAR
  TotalMem: LONGINT;
  MaxMem  : LONGINT;
  CPU     : STRING;
  Copr    : STRING;
BEGIN
  ClrScr;
  Speicherdaten(TotalMem,MaxMem,CPU,Copr); {Rezept I.1}
  Writeln('Gesamter Speicher: ',TotalMem:Stellen);
  Writeln('Größter Speicher : ',MaxMem:Stellen);
  Writeln('CPU              : '+CPU);
  Writeln('Coprozessor      : '+Copr);
  Writeln;
  Write('Eingabetaste drücken ');
  Readln;
END;
```

Das folgende einfache Programm ruft dieses Rezept auf; ein mögliches Ergebnis sehen Sie anschließend:

```
PROCEDURE Teste_Speicherplatz;
BEGIN
  Speicherplatz;
END;
```

```
Gesamter Speicher:      485088
Größter Speicher :      485082
CPU              : 80386 oder höher
Coprozessor      : nicht vorhanden oder nicht verwendet

Eingabetaste drücken
```

Um die Anzeige mit einer beliebigen Taste zu beenden, sind die beiden letzten Zeilen des Rezepts durch folgende Befehlsfolge zu ersetzen:

```
Write('Taste drücken');
ReadKey;
```

Das folgende Rezept zeigt den verfügbaren Speicherplatz sowie Informationen über CPU und Coprozessor an und wartet auf eine Bestätigung mit der Eingabetaste; dabei muß ein Graphikmodus aktiv sein:

```
PROCEDURE GrSpeicherplatz;
CONST
  Stellen = 10;
  Versatz = 10;
VAR
  TotalMem: LONGINT;
  MaxMem  : LONGINT;
  CPU     : STRING;
  Copr    : STRING;
  S       : STRING[Stellen];
  Y       : INTEGER;
BEGIN
  ClearDevice;
  Speicherdaten(TotalMem,MaxMem,CPU,Copr); {Rezept I.1}
  Y := 0;
  Str(TotalMem:Stellen,S);
  OutTextXY(0,Y,'Gesamter Speicher: '+S);
  Inc(Y,Versatz);
  Str(MaxMem:Stellen,S);
  OutTextXY(0,Y,'Größter Speicher : '+S);
  Inc(Y,Versatz);
  OutTextXY(0,Y,'CPU              : '+CPU);
  Inc(Y,Versatz);
  OutTextXY(0,Y,'Coprozessor      : '+Copr);
  Inc(Y,2*Versatz);
  OutTextXY(0,Y,'Eingabetaste drücken ');
  Readln;
END;
```

```
Gesamter Speicher:      475176
Größter Speicher :      475168
CPU              : 80386 oder höher
Coprozessor      : nicht vorhanden oder nicht verwendet

Eingabetaste drücken
```

Das folgende Programm ruft dieses Rezept auf; ein mögliches Ergebnis sehen Sie oben:

```
PROCEDURE Teste_GrSpeicherplatz;
VAR
  GraphMode: INTEGER;
  ErrorText: STRING;
  Palette  : PaletteType;
BEGIN
  IF TestGraph(GraphMode,ErrorText) THEN BEGIN {Rezept G.1}
    SetGraphMode(GraphMode);
    SchwarzAufWeiss(Palette); {Rezept G.3}
    GrSpeicherplatz;
    CloseGraph;
  END; {IF}
END;
```

Mit dem folgenden Rezept lassen sich einige nützliche Daten über den aktuellen Graphikmodus ermitteln:

```
PROCEDURE Graphikdaten
  (VAR Treiber   : STRING;
   VAR ModusNr   : INTEGER;
   VAR ModusName: STRING;
   VAR LoModus   : INTEGER;
   VAR HiModus   : INTEGER;
   VAR Breite    : INTEGER;
   VAR Hoehe     : INTEGER);
BEGIN
  Treiber := GetDriverName;
  ModusNr := GetGraphMode;
  ModusName := GetModeName(ModusNr);
  GetModeRange(CurrentDriver,LoModus,HiModus);
  Breite := GetMaxX+1;
  Hoehe := GetMaxY+1;
END;
```

Um dieses Rezept anzuwenden, hat man zuerst einen Graphikmodus zu setzen und kann dann das Ergebnis auswerten (z.B. anzeigen):

```
VAR
  Treiber          : STRING;
  ModusNr          : INTEGER;
  ModusName        : STRING;
  LoModus,HiModus: INTEGER;
  Breite,Hoehe     : INTEGER;
BEGIN
  SetGraphMode(GraphMode);
  Graphikdaten
    (Treiber,ModusNr,ModusName,LoModus,HiModus,Breite,Hoehe);
  ... {Auswerten}
  CloseGraph;
END;
```

Dieses Rezept verwendet die Prozedur `GetModeRange` und kann daher nur für solche Graphiktreiber verwendet werden, die direkt von Borland erstellt wurden (vgl. Borland Pascal mit Objekten, Referenzhandbuch S. 90). Wenn andere Treiber eingesetzt werden, ist statt dessen die Funktion `GetMaxMode` zu verwenden. Die Zeile

```
GetModeRange(CurrentDriver,LoModus,HiModus);
```

des Rezepts ist dann durch

```
LoModus := 0;
HiModus := GetMaxMode;
```

zu ersetzen.

Das folgende Rezept zeigt einige nützliche Daten über den aktuellen Graphikmodus an, bis der Anwender die Eingabetaste drückt:

```
PROCEDURE ZeigeGraphikdaten;
CONST Versatz = 10;
VAR
  Treiber          : STRING;
  ModusNr          : INTEGER;
  ModusName        : STRING;
  LoModus,HiModus: INTEGER;
  Breite,Hoehe     : INTEGER;
  M                : STRING;
  i,Y              : INTEGER;
BEGIN
  ClearDevice;
  Graphikdaten
    (Treiber,ModusNr,ModusName,LoModus,HiModus,Breite,Hoehe); {I.4}
{ Name des Treibers: }
  Y := 0;
  OutTextXY(0,Y,'Treiber          : '+Treiber);
{ Graphikmodus: }
  Str(ModusNr,M); Inc(Y,Versatz);
  OutTextXY(0,Y,'Grafikmodus      : '+ModusName+' ('+M+')');
{ Moegliche Graphikmodi: }
  Inc(Y,Versatz);
  OutTextXY(0,Y,'Moegliche Grafikmodi:');
  FOR i:=LoModus TO HiModus DO BEGIN
    Str(i,M); Inc(Y,Versatz);
    OutTextXY(0,Y,'  '+GetModeName(i)+' ('+M+')');
  END; {FOR}
{ Bildschirmbreite: }
  Str(Breite,M); Inc(Y,Versatz);
  OutTextXY(0,Y,'Bildschirmbreite: '+M);
{ Bildschirmhoehe: }
  Str(Hoehe,M); Inc(Y,Versatz);
  OutTextXY(0,Y,'Bildschirmhoehe : '+M);
{ Bestaetigung abwarten: }
  Inc(Y,2*Versatz);
  OutTextXY(0,Y,'Eingabetaste druecken'); Readln;
END;
```

Mit dem folgenden Programm können die Graphikdaten angezeigt werden; das nebenstehende Bild zeigt ein mögliches Ergebnis:

```
Treiber          : EGAVGA
Grafikmodus      : 640 x 480 VGA (2)
Moegliche Grafikmodi:
  640 x 200 EGA (0)
  640 x 350 EGA (1)
  640 x 480 VGA (2)
Bildschirmbreite: 640
Bildschirmhoehe : 480

Eingabetaste druecken
```

```
VAR
  GraphMode: INTEGER; ErrorText: STRING; Palette: PaletteType;
BEGIN
  IF TestGraph(GraphMode,ErrorText) THEN BEGIN {Rezept G.1}
    SetGraphMode(GraphMode); SchwarzAufWeiss(Palette);
    ZeigeGraphikdaten; CloseGraph;
  END; {IF}
END;
```

Die Windows-API stellt Funktionen zur Ermittlung des verfügbaren Speicherplatzes und der verfügbaren Ressourcen bereit. Das folgende Rezept zeigt einige dieser Informationen mit Hilfe einer `MessageBox` an:

```
PROCEDURE Speicher_Info(WndParent: HWnd);
VAR
  Text     : STRING;
  Ergebnis: STRING;
BEGIN
  Str(MemAvail,Text);
  Ergebnis := 'Heap: ' + Text + ^M;
  Str(MaxAvail,Text);
  Ergebnis :=
    Ergebnis + 'Größter Block auf dem Heap: ' + Text + ^M;
  Str(GetFreeSpace(0),Text);
  Ergebnis := Ergebnis + 'Verfügbarer Speicher: ' + Text + ^M;
  Str(GlobalCompact(0),Text);
  Ergebnis :=
    Ergebnis + 'Größtmöglicher Speicherblock: ' + Text + ^M;
  Str(GetFreeSystemResources(gfsr_SystemResources),Text);
  Ergebnis := Ergebnis + 'System-Ressourcen: ' + Text + '%' + ^M;
  Str(GetFreeSystemResources(gfsr_GDIResources),Text);
  Ergebnis := Ergebnis + 'GDI-Ressourcen: ' + Text + '%' + ^M;
  Str(GetFreeSystemResources(gfsr_UserResources),Text);
  Ergebnis := Ergebnis + 'User-Ressourcen: ' + Text + '%';
  MessageBoxString(WndParent,Ergebnis,'Speicherinformation',mb_OK);
    {Rezept E.8}
END;
```

Dieses Rezept kann durch einen Menüpunkt des Hauptfensters einer Anwendung aufgerufen werden; eine typische Form der Anzeige sehen Sie rechts. In der Objektdeklaration des Hauptfensters ist dazu eine Deklaration wie die folgende erforderlich:

Speicherinformation

Heap: 5715576
Größter Block auf dem Heap: 5181440
Verfügbarer Speicher: 5707552
Größtmöglicher Speicherblock: 5181440
System-Ressourcen: 52%
GDI-Ressourcen: 52%
User-Ressourcen: 71%

OK

```
PROCEDURE InfoSpeicher(VAR Msg: TMessage);
  VIRTUAL cm_First+cm_InfoSpeicher;
```

Ist `THauptfenster` das Hauptfenster der Anwendung, so lautet die Methode:

```
PROCEDURE THauptfenster.InfoSpeicher(VAR Msg: TMessage);
BEGIN
  Speicher_Info(HWindow);
END;
```

Für Systeme mit EMS-Speicher ist dieses Rezept nur bedingt verwendbar; der Aufruf `GetFreeSpace(0)` muß angepaßt werden. Einzelheiten sind im Referenzhandbuch der Windows-API (Band 2, S. 664) zu finden.

Die Funktion `GetWinFlags` der Windows-API gibt Informationen über die CPU, den Coprozessor und den Speichermodus. Das folgende Rezept wertet diese Daten aus und zeigt sie mit einer `MessageBox` an:

```
PROCEDURE System_Info(WndParent: HWnd);
VAR
  Flags    : LONGINT;
  Text     : STRING;
  Ergebnis: STRING;
BEGIN
  Flags := GetWinFlags;
  Text := 'unbekannt';
  IF ((Flags AND wf_CPU086) = wf_CPU086) THEN Text := '86';
  IF ((Flags AND wf_CPU186) = wf_CPU186) THEN Text := '186';
  IF ((Flags AND wf_CPU286) = wf_CPU286) THEN Text := '286';
  IF ((Flags AND wf_CPU386) = wf_CPU386) THEN Text := '386';
  IF ((Flags AND wf_CPU486) = wf_CPU486) THEN Text := '486';
  Ergebnis := 'CPU: ' + Text + ^M;
  Text := 'nicht vorhanden';
  IF ((Flags AND wf_80x87) = wf_80x87) THEN Text := 'vorhanden';
  Ergebnis := Ergebnis + 'Coprozessor: ' + Text + ^M;
  Text := 'Real';
  IF ((Flags AND wf_Enhanced) = wf_Enhanced) THEN
    Text := '386 Erweitert';
  IF ((Flags AND wf_Standard) = wf_Standard) THEN
    Text := 'Standard';
  Ergebnis := Ergebnis + 'Modus: ' + Text + ^M;
  MessageBoxString(WndParent,Ergebnis,'Systeminformation',mb_OK);
    {Rezept E.8}
END;
```

Der Parameter `WndParent` ist das Handle des Fensters, dem das anzuzeigende Dialogfenster gehört. Wird es vom Hauptfenster einer Anwendung aufgerufen, so muß dessen Objektdeklaration eine Prozedur wie die folgende enthalten:

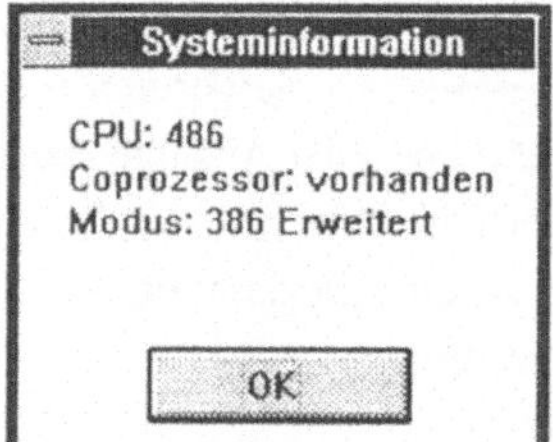


```
PROCEDURE InfoSystem(VAR Msg: TMessage);
  VIRTUAL cm_First+cm_InfoSystem;
```

Ist `THauptfenster` das Hauptfenster der Anwendung, so lautet die Methode:

```
PROCEDURE THauptfenster.InfoSystem(VAR Msg: TMessage);
BEGIN
  System Info(HWindow);
END;
```

`MessageBoxString` unterstützt keine Tabulatoren. Um ein ansprechendes Bild zu erhalten, muß man `MessageBoxString` durch ein eigens dafür konstruiertes Dialogfenster ersetzen.

M Musiknoten unter DOS

```
CONST
  Raster: BYTE = 4;

TYPE
  TNotenlinie = OBJECT
    X,Y: INTEGER; {Startpunkt in Rastereinheiten}
    L  : INTEGER; {Laenge in Rastereinheiten}
    PROCEDURE Init(Links,Oben,Laenge: INTEGER);
    FUNCTION GetRechts: INTEGER;
    FUNCTION GetUnten: INTEGER;
    PROCEDURE Draw;
  END; {TNotenlinie}
```

Auf dem Graphikbildschirm lassen sich leicht Musiknoten darstellen. Grundlage dafür sind Notenlinien, die mit dem folgenden Rezept gezeichnet werden können. Die Darstellung der Notenlinien als Objekt ermöglicht es, Informationen über seine Lage und Größe zu gewinnen, so daß es leicht ist, anschließend Schlüssel, Noten und dgl. an den richtigen Stellen hineinzuzeichnen (s. die folgenden Rezepte).

```
PROCEDURE TNotenlinie.Init(Links,Oben,Laenge: INTEGER);
BEGIN
  X := Links; Y := Oben; L := Laenge;
END;

FUNCTION TNotenlinie.GetRechts: INTEGER;
BEGIN
  GetRechts := X+L;
END;

FUNCTION TNotenlinie.GetUnten: INTEGER;
BEGIN
  GetUnten := Y+8;
END;

PROCEDURE TNotenlinie.Draw;
VAR
  i: BYTE;
  z: INTEGER;
BEGIN
  z := Y;
  FOR i:=1 TO 5 DO BEGIN
    Line(X*Raster,z*Raster,GetRechts*Raster,z*Raster);
    Inc(z,2);
  END; {FOR}
END;
```

Die untenstehende Notenlinie wurde mit dem folgenden Programm gezeichnet. Die einzelnen Linien sind zwei Rastereinheiten voneinander entfernt. Zusätzlich sind Kenngrößen des Objekts sowie Rasterlineale eingetragen.

```
VAR
  N: TNotenlinie;
BEGIN
  N.Init(15,20,50);
  N.Draw;
END;
```

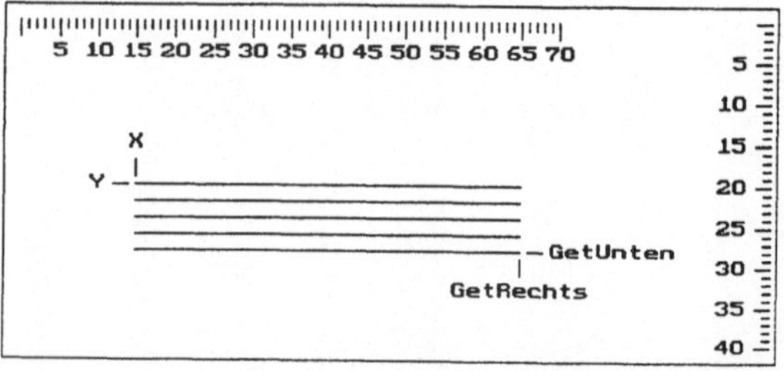

Der folgende Nachkomme des Rezepts M.1 erlaubt es, Taktstriche und Taktbezeichnungen in ein Notensystem einzutragen:

```
TYPE
  TNotenlinieTakte = OBJECT(TNotenlinie)
    PROCEDURE Taktstrich(Position: INTEGER);
    PROCEDURE Taktbezeichnung
      (Zaehler : BYTE;
       Nenner  : BYTE;
       Position: INTEGER);
  END; {TNotenlinieTakte}
```

```
PROCEDURE TNotenlinieTakte.Taktstrich(Position: INTEGER);
BEGIN
  Line((X+Position)*Raster,Y*Raster,
    (X+Position)*Raster,GetUnten*Raster);
END;

PROCEDURE TNotenlinieTakte.Taktbezeichnung
  (Zaehler : BYTE;
   Nenner  : BYTE;
   Position: INTEGER);
VAR
  TextSettings: TextSettingsType;
  S           : STRING;
BEGIN
  GetTextSettings(TextSettings);
  SetTextStyle(DefaultFont,HorizDir,Raster DIV 2);
  SetTextJustify(LeftText,BottomText);
  Str(Zaehler,S);
  OutTextXY((X+Position+1)*Raster,(Y+4)*Raster,S);
  SetTextJustify(LeftText,TopText);
  Str(Nenner,S);
  OutTextXY((X+Position+1)*Raster,(Y+4)*Raster,S);
  SetTextSettings(TextSettings);
END;
```

Die Variablen `Position` sind jeweils relativ zum linken Rand des Notensystems anzugeben; man braucht also nicht zu wissen, an welcher Stelle des Bildschirms sich das Notensystem befindet.

Das nebenstehende Bild erhält man mit folgendem Programm:

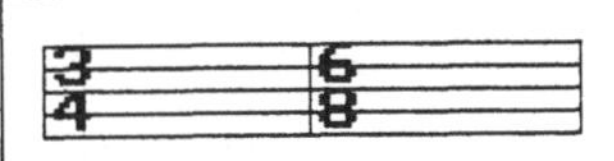

```
VAR
  N: TNotenlinieTakte;
BEGIN
  N.Init(15,50,50);
  N.Draw;
  N.Taktstrich(0);
  N.Taktbezeichnung(3,4,0);
  N.Taktstrich(25);
  N.Taktbezeichnung(6,8,25);
  N.Taktstrich(N.L);
END;
```

Note	Wert
Ganze Note	0
Halbe Note	1
Viertelnote	2
Achtelnote	3
Sechzehntelnote	4

Musiknoten sind sehr komplizierte Gebilde; entsprechend umfangreich ist das Rezept, mit dem sie gezeichnet werden können. Bei der Methode `Init` müssen der Mittelpunkt des Notenkopfes (`Links`, `Oben`), der Notenwert (`Wert`) und die Länge des Notenhalses (`Halslaenge`) jeweils in Rastereinheiten angegeben werden. Der Notenwert wird als Zweierpotenz (s. obige Tabelle) benötigt. Bei negativer Halslänge wird der Notenhals nach unten gezeichnet.

```
  TNote = OBJECT
    X,Y: INTEGER;    {Mittelpunkt des Kopfes in Rastereinheiten}
    W  : BYTE;       {Notenwert als Zweierpotenz}
    L  : SHORTINT;   {Halslaenge in Rastereinheiten; +: nach oben}
    PROCEDURE Init
      (Links,Oben: INTEGER;
       Wert      : BYTE;
       Halslaenge: SHORTINT);
    PROCEDURE Draw;
    PROCEDURE GetBalkenansatz(VAR a,b: INTEGER); {Rastereinh.}
  PRIVATE
    V: SHORTINT;
    PROCEDURE Fahne(StartX,StartY: INTEGER);
  END; {TNote}
```

```
PROCEDURE TNote.Init;
BEGIN
  X := Links; Y := Oben; W := Wert; L := Halslaenge;
  IF L>0 THEN V := 1 ELSE IF L<0 THEN V := -1 ELSE V := 0;
END;

PROCEDURE TNote.Draw;
VAR
  FillSettings: FillSettingsType;
BEGIN
  IF (W=0) OR (W=1) THEN Circle(X*Raster,Y*Raster,Raster)
  ELSE BEGIN
    GetFillSettings(FillSettings);
    SetFillStyle(SolidFill,FillSettings.Color);
    FillEllipse(X*Raster,Y*Raster,Raster,Raster);
    SetFillSettings(FillSettings);
  END; {IF}
  IF W>0 THEN
    Line((X+V)*Raster,Y*Raster,(X+V)*Raster,(Y-L)*Raster);
  IF W>=3 THEN Fahne(X+V,Y-L);
  IF W>=4 THEN Fahne(X+V,Y-L+(2*V));
END;

PROCEDURE TNote.GetBalkenansatz(VAR a,b: INTEGER);
BEGIN
  a := X+V;
  b := Y-L;
  IF L<0 THEN b := b-1;
END;
```

```
PROCEDURE TNote.Fahne(StartX,StartY: INTEGER);
BEGIN
  IF V>0 THEN BEGIN
    Ellipse((StartX+1)*Raster,StartY*Raster,180,270,
      Raster,2*Raster);
    Ellipse((StartX+1)*Raster,(StartY+4)*Raster,30,90,
      Raster,2*Raster);
  END
  ELSE BEGIN
    Ellipse((StartX+1)*Raster,StartY*Raster,90,180,
      Raster,2*Raster);
    Ellipse((StartX+1)*Raster,(StartY-4)*Raster,270,330,
      Raster,2*Raster);
  END;
END;
```

Die Methode `TNote.GetBalkenansatz` wird benötigt, wenn man Noten durch Balken zusammenfassen möchte (s. das folgende Rezept).

Das nebenstehende Bild wird wie folgt gezeichnet:

```
VAR
  N     : TNotenlinieTakte;
  A     : TNote;
  Breite: INTEGER;
BEGIN
  N.Init(15,100,94);
  N.Draw;
  N.Taktstrich(0);
  ViolinSchluessel(N.X,N.Y,Breite); {Rezept M.4}
  N.Taktbezeichnung(4,4,Breite);
  A.Init(N.X+17,N.Y+3,0,0);  A.Draw;
  N.Taktstrich(24);
  A.Init(N.X+28,N.Y+7,1,6);  A.Draw;
  A.Init(N.X+34,N.Y+4,1,-6); A.Draw;
  N.Taktstrich(40);
  A.Init(N.X+46,N.Y+3,2,-6); A.Draw;
  A.Init(N.X+52,N.Y+2,3,-7); A.Draw;
  A.Init(N.X+58,N.Y+9,3,7);  A.Draw;
  A.Init(N.X+64,N.Y+1,4,-8); A.Draw;
  A.Init(N.X+70,N.Y,4,-8);   A.Draw;
  A.Init(N.X+76,N.Y+8,4,8);  A.Draw;
  A.Init(N.X+82,N.Y+7,4,8);  A.Draw;
  A.Init(N.X+88,N.Y+6,2,6);  A.Draw;
  N.Taktstrich(94);
END;
```

Um auch Zweiunddreißigstel- und Vierundsechzigstel-Noten zeichnen zu können, fügen Sie am Ende der Methode `TNote.Draw` die beiden folgenden Zeilen hinzu:

```
IF W>=5 THEN Fahne(X+V,Y-L+(4*V));
IF W>=6 THEN Fahne(X+V,Y-L+(6*V));
```

Die beiden folgenden Rezepte zeichnen einen Violin- bzw. Baßschlüssel. Die Variablen `X` und `Y` müssen angegeben werden; sie bezeichnen die linke obere Ecke des zugehörigen Notensystems. Die Breite, die der Schlüssel einnimmt, wird in der Variablen `Breite` zurückgegeben; diese Zahl kann von nachfolgenden Zeichenaktionen ausgewertet werden.

```
PROCEDURE ViolinSchluessel
  (    X,Y   : Integer;
   VAR Breite: INTEGER); {in Rastereinheiten}
VAR
  LineSettings: LineSettingsType;
BEGIN
  GetLineSettings(LineSettings);
  SetLineStyle(SolidLn,0,ThickWidth);
  FillEllipse((2*X+7)*Raster DIV 2,(Y+10)*Raster,
    Raster DIV 2,Raster DIV 2);
  Ellipse((X+4)*Raster,(Y+10)*Raster,180,0,Raster,Raster);
  Line((2*X+7)*Raster DIV 2,(Y+2)*Raster,
    (X+5)*Raster,(Y+10)*Raster);
  Ellipse((X+5)*Raster,(Y-1)*Raster,120,220,2*Raster,4*Raster);
  Ellipse((X+3)*Raster,(Y-1)*Raster,300,60,2*Raster,4*Raster);
  Ellipse((X+7)*Raster,(Y+6)*Raster,120,180,6*Raster,4*Raster);
  Ellipse((X+4)*Raster,(Y+6)*Raster,180,270,3*Raster,2*Raster);
  Ellipse((X+4)*Raster,(Y+6)*Raster,270,190,2*Raster,2*Raster);
  Breite := 7; SetLineSettings(LineSettings); {Rezept G.4}
END;
```

```
PROCEDURE BassSchluessel
  (    X,Y   : Integer;
   VAR Breite: INTEGER); {in Rastereinheiten}
VAR
  LineSettings: LineSettingsType;
BEGIN
  GetLineSettings(LineSettings);
  SetLineStyle(SolidLn,0,ThickWidth);
  Ellipse((X+3)*Raster,(Y+2)*Raster,0,180,3*Raster DIV 2,2*Raster);
  Ellipse((X+1)*Raster,(Y+2)*Raster,290,0,7*Raster DIV 2,5*Raster);
  FillEllipse((X+2)*Raster,(Y+2)*Raster,Raster DIV 2,Raster DIV 2);
  FillEllipse((X+6)*Raster,(Y+1)*Raster,Raster DIV 3,Raster DIV 3);
  FillEllipse((X+6)*Raster,(Y+3)*Raster,Raster DIV 3,Raster DIV 3);
  Breite := 7; SetLineSettings(LineSettings); {Rezept G.4}
END;
```

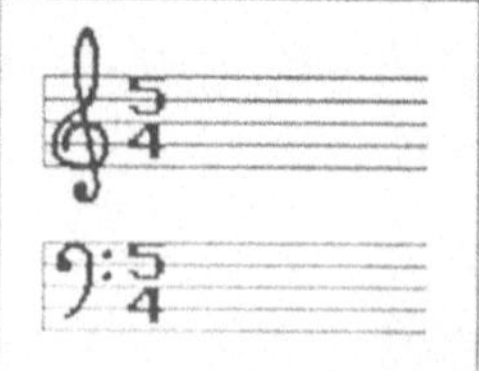

Das untenstehende Bild wird wie folgt gezeichnet:

```
VAR
  N: TNotenlinieTakte; Breite: INTEGER;
BEGIN
  N.Init(100,50,50); N.Draw;
  N.Taktstrich(0);
  ViolinSchluessel(N.X,N.Y,Breite);
  N.Taktbezeichnung(5,4,Breite);
  N.Init(100,65,50); N.Draw;
  N.Taktstrich(0);
  BassSchluessel(N.X,N.Y,Breite);
  N.Taktbezeichnung(5,4,Breite);
END;
```

Noten können durch Balken gruppiert werden. Das folgende Rezept zeichnet einen geraden oder schrägen Balken mit der Dicke einer Rastereinheit. Anzugeben sind die beiden oberen Eckpunkte; diese kann man mit `TNote.GetBalkenansatz` erhalten.

```
PROCEDURE Notenbalken(X1,Y1,X2,Y2: INTEGER); {obere Punkte}
VAR
  Balken: ARRAY[1..4] OF PointType;
BEGIN
  Balken[1].X := X1*Raster;
  Balken[1].Y := Y1*Raster;
  Balken[2].X := X2*Raster;
  Balken[2].Y := Y2*Raster;
  Balken[3].X := X2*Raster;
  Balken[3].Y := (Y2+1)*Raster;
  Balken[4].X := X1*Raster;
  Balken[4].Y := (Y1+1)*Raster;
  FillPoly(Sizeof(Balken) DIV Sizeof(PointType),Balken);
END;
```

Das nebenstehende Bild wird mit folgenden Befehlen gezeichnet:

```
VAR
  N                   : TNotenlinieTakte;
  A,B,C               : TNote;
  X1,Y1,X2,Y2,X3,Y3: INTEGER;
BEGIN
  N.Init(15,70,44);
  N.Draw;
  WITH N DO BEGIN
    A.Init(X+8,Y+7,2,7);
    A.Draw;
    B.Init(X+16,Y+4,2,7);
    B.Draw;
    A.GetBalkenansatz(X1,Y1); {Rezept M.3}
    B.GetBalkenansatz(X2,Y2);
    Notenbalken(X1,Y1,X2,Y2);
    A.Init(X+24,Y+1,2,-8);
    A.Draw;
    B.Init(X+32,Y,2,-9);
    B.Draw;
    C.Init(X+38,Y+2,2,-7);
    C.Draw;
    A.GetBalkenansatz(X1,Y1);
    B.GetBalkenansatz(X2,Y2);
    C.GetBalkenansatz(X3,Y3);
    Notenbalken(X1,Y1,X3,Y3);
    Notenbalken(X2,Y2-2,X3,Y3-2);
  END; {WITH}
```

Die folgenden Rezepte zeichnen Vorzeichen an die durch X und Y bestimmte Stelle. Das Vorzeichen muß jeweils zwei Rasterpunkte links von der Mitte des zugehörigen Notenkopfes gesetzt werden.

```
PROCEDURE VorzeichenH(X,Y: INTEGER);
VAR LineSettings: LineSettingsType;
BEGIN
  GetLineSettings(LineSettings);SetLineStyle(SolidLn,0,ThickWidth);
  Line((X-3)*Raster,(Y-1)*Raster,X*Raster,(Y-1)*Raster);
  Line((X-3)*Raster,(Y+1)*Raster,X*Raster,(Y+1)*Raster);
  SetLineSettings(LineSettings); {Rezept G.4}
  Line((X-2)*Raster,(Y-3)*Raster,(X-2)*Raster,(Y+3)*Raster);
  Line((X-1)*Raster,(Y-3)*Raster,(X-1)*Raster,(Y+3)*Raster);
END;
```

```
PROCEDURE VorzeichenHH(X,Y: INTEGER);
VAR LineSettings: LineSettingsType;
BEGIN
  GetLineSettings(LineSettings);SetLineStyle(SolidLn,0,ThickWidth);
  Line((X-2)*Raster,(Y-1)*Raster,X*Raster,(Y+1)*Raster);
  Line((X-2)*Raster,(Y+1)*Raster,X*Raster,(Y-1)*Raster);
  SetLineSettings(LineSettings); {Rezept G.4}
END;
```

```
PROCEDURE Vorzeichen0(X,Y: INTEGER);
VAR LineSettings: LineSettingsType;
BEGIN
  GetLineSettings(LineSettings);SetLineStyle(SolidLn,0,ThickWidth);
  Line((X-2)*Raster,(Y-1)*Raster,(X-1)*Raster,(Y-1)*Raster);
  Line((X-2)*Raster,(Y+1)*Raster,(X-1)*Raster,(Y+1)*Raster);
  SetLineSettings(LineSettings); {Rezept G.4}
  Line((X-2)*Raster,(Y-3)*Raster,(X-2)*Raster,(Y+1)*Raster);
  Line((X-1)*Raster,(Y-1)*Raster,(X-1)*Raster,(Y+3)*Raster);
END;
```

```
PROCEDURE VorzeichenT(X,Y: INTEGER);
BEGIN
  Line((X-1)*Raster,(Y-3)*Raster,(X-1)*Raster,(Y+1)*Raster);
  Ellipse((X-1)*Raster,Y*Raster,270,90,Raster,Raster);
END;
```

Das nebenstehende Bild wurde mit dieser Regel gezeichnet; das Programm lautet:

```
VAR
 N      : TNotenlinieTakte;
 Breite: INTEGER;
 A      : TNote;
BEGIN
 N.Init(80,84,68); N.Draw;
 WITH N DO BEGIN
  ViolinSchluessel(X,Y,Breite);
  VorzeichenH(X+14,Y+3);
  A.Init(X+16,Y+3,2,-7); A.Draw;
  Vorzeichen0(X+22,Y+3);
  A.Init(X+24,Y+3,2,-7); A.Draw;
  VorzeichenH(X+30,Y+3);
  A.Init(X+32,Y+3,2,-7); A.Draw;
  VorzeichenHH(X+38,Y+3);
  A.Init(X+40,Y+3,2,-7); A.Draw;
  A.Init(X+48,Y+4,2,-7); A.Draw;
  VorzeichenT(X+54,Y+4);
  A.Init(X+56,Y+4,2,-7); A.Draw;
  VorzeichenT(X+60,Y+4);
  VorzeichenT(X+62,Y+4);
  A.Init(X+64,Y+4,2,-7); A.Draw;
 END; {WITH}
END;
```

P Präsentationsgraphiken unter DOS

Rezept–
Statistik

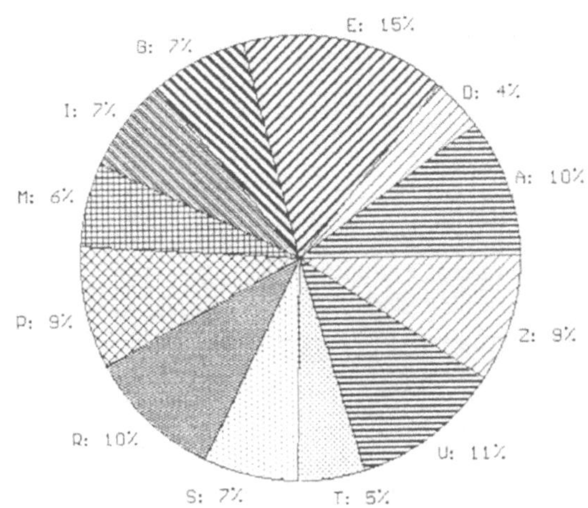

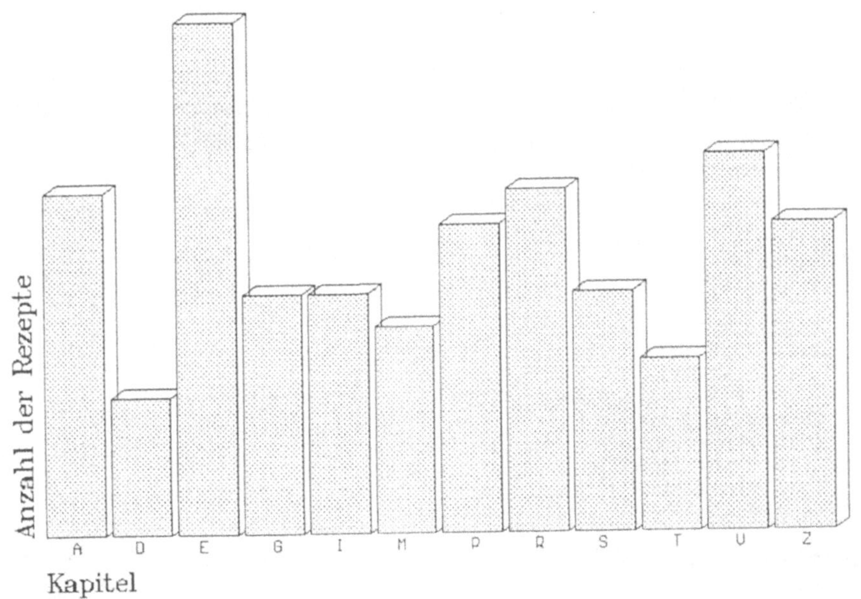

Ein Balkendiagramm ist aus nebeneinanderliegenden **Balken** aufgebaut, die selbst wiederum aus einzelnen übereinandergeschichteten Teilbalken bestehen. Die Teilbalken sind Instanzen des Objekts `TBalkenTeil`. Sie unterscheiden sich durch ihre Höhe und ihr Füllmuster; daher werden diese Werte im folgenden Objekt verwaltet:

```
TYPE
  PBalkenTeil = ^TBalkenTeil;
  TBalkenTeil = OBJECT(TObject)
    Hoehe: INTEGER;
    Muster: FillSettingsType;
    CONSTRUCTOR Init
      (H: INTEGER;
       M: FillSettingsType);
    PROCEDURE Draw
      (Ux,Uy : INTEGER;
       Breite: INTEGER;
       Tiefe : WORD);
  END; {TBalkenTeil}
```

```
CONSTRUCTOR TBalkenTeil.Init;
BEGIN
  Hoehe := H;
  Muster := M;
END;

PROCEDURE TBalkenTeil.Draw;
BEGIN
  SetFillSettings(Muster); {Rezept G.4}
  Bar3D(Ux,Uy-Hoehe,Ux+Breite,Uy,Tiefe,TopOn);
END;
```

Der gesamte Balken wird durch das Objekt `TBalken` beschrieben; die einzelnen Teilbalken werden in einer `TCollection` gespeichert. Die Lage des Balkens auf der Zeichenfläche, seine Breite und seine räumliche Tiefe gelten für alle Teilbalken und sind daher Felder in `TBalken`:

```
TYPE
  PBalken = ^TBalken;
  TBalken = OBJECT
    Teile: PCollection;
    CONSTRUCTOR Init
    DESTRUCTOR Done; VIRTUAL;
    PROCEDURE Insert
      (H: INTEGER;
       M: FillSettingsType);
    PROCEDURE Draw
      (Ux,Uy : INTEGER; {linke untere Ecke des Balkens}
       Breite: INTEGER;
       Tiefe : WORD);
  END; {TBalken}
```

```
CONSTRUCTOR TBalken.Init;
BEGIN
  Teile := New(PCollection,Init(5,1));
END;
```

```
DESTRUCTOR TBalken.Done;
BEGIN
  Dispose(Teile,Done);
END;

PROCEDURE TBalken.Insert
  (H: INTEGER;
   M: FillSettingsType);
BEGIN
  Teile^.Insert(New(PBalkenTeil,Init(H,M)));
END;

PROCEDURE TBalken.Draw;
VAR
  H: INTEGER;

  PROCEDURE CallDraw(P: PBalkenTeil); FAR;
  BEGIN
    P^.Draw(Ux,H,Breite,Tiefe);
    Dec(H,P^.Hoehe);
  END;

BEGIN
  H := Uy;
  Teile^.ForEach(@CallDraw);
END;
```

Der nebenstehende Balken besteht aus drei Teilbalken, die durch das folgende Programm von unten nach oben übereinandergeschichtet werden. Zunächst wird der Balken bereitgestellt; anschließend werden die einzelnen Balken eingesetzt, wobei das jeweilige Füllmuster anzugeben ist. Selbstverständlich könnte jedem Teilbalken eine andere Farbe zugeordnet werden. Nach dem Zeichnen muß der Balken mit `Dispose` wieder freigegeben werden.

```
VAR
  Balken: PBalken;
  Muster: FillSettingsType;
BEGIN
  ...
  Muster.Color := white;
  Balken := New(PBalken,Init);
  Muster.Pattern := SlashFill;
  Balken^.Insert(50,Muster);
  Muster.Pattern := BkSlashFill;
  Balken^.Insert(100,Muster);
  Muster.Pattern := CloseDotFill;
  Balken^.Insert(70,Muster);
  Balken^.Draw(20,400,20,6);
  Dispose(Balken,Done);
  ...
END;
```

Ein **Balkendiagramm** besteht aus einzelnen Balken, die neben- oder übereinander angeordnet sind. Das Rezept `TBalkendiagramm` zeichnet mehrere Balken nebeneinander (von links nach rechts) auf den Bildschirm:

```
TBalkendiagramm = OBJECT
  Muster: TIntegerVektor; {Füllmuster für die Teilbalken}
  Farben: TIntegerVektor; {Farben für die Teilbalken}
  Hoehen: TIntegerMatrix; {Höhe aller Bestandteile}
  PROCEDURE Init
    (AnzBalken    : WORD;  {Anzahl der Balken im Diagramm}
     AnzTeilbalken: WORD); {Anzahl der Teilbalken pro Balken}
  PROCEDURE Done;
  PROCEDURE SetMuster
    (TB: WORD;  {Nummer des Teilbalkens}
     M : WORD;  {Füllmuster des Teilbalkens}
     F : WORD); {Farbe des Teilbalkens}
  PROCEDURE SetHoehe
    (B,TB: WORD;     {Balken, Teilbalken}
     H   : INTEGER); {Höhe}
  PROCEDURE Draw
    (Ux,Uy   : INTEGER;  {Linke untere Ecke des Diagramms}
     Breite  : INTEGER;  {Breite eines Balkens}
     Tiefe   : WORD;     {Räumliche Tiefe des Balkens}
     Abstand: INTEGER); {Abstand zwischen den Balken}
END; {TBalkendiagramm}
```

```
PROCEDURE TBalkendiagramm.Init;
VAR
  S,Z: WORD;
BEGIN
  Muster.Init(AnzTeilbalken);
  Farben.Init(AnzTeilbalken);
  FOR Z:=1 TO AnzTeilbalken DO
    SetMuster(Z,SolidFill,white);
  Hoehen.Init(AnzBalken,AnzTeilbalken);
  FOR S:=1 TO AnzBalken DO
    FOR Z:=1 TO AnzTeilbalken DO
      SetHoehe(S,Z,0);
END;

PROCEDURE TBalkendiagramm.Done;
BEGIN
  Muster.Done;
  Farben.Done;
  Hoehen.Done;
END;

PROCEDURE TBalkendiagramm.SetMuster;
BEGIN
  Muster.SetWert(TB,M);
  Farben.SetWert(TB,F);
END;

PROCEDURE TBalkendiagramm.SetHoehe;
BEGIN
  Hoehen.SetWert(B,TB,H);
END;
```

```
PROCEDURE TBalkendiagramm.Draw;
VAR
  Balken: PBalken; {Rezept P.1}
  S,Z    : WORD;
  X      : INTEGER;
  M      : FillSettingsType;
BEGIN
  X := Ux;
  FOR S:=1 TO Hoehen.GetSpalten DO BEGIN
    Balken := New(PBalken,Init);
    FOR Z:=1 TO Hoehen.GetZeilen DO BEGIN
      M.Pattern := Muster.GetWert(Z);
      M.Color := Farben.GetWert(Z);
      Balken^.Insert(Hoehen.GetWert(S,Z),M);
    END; {FOR Z}
    Balken^.Draw(X,Uy,Breite,Tiefe);
    Dispose(Balken,Done);
    Inc(X,Abstand);
  END; {FOR S}
END;
```

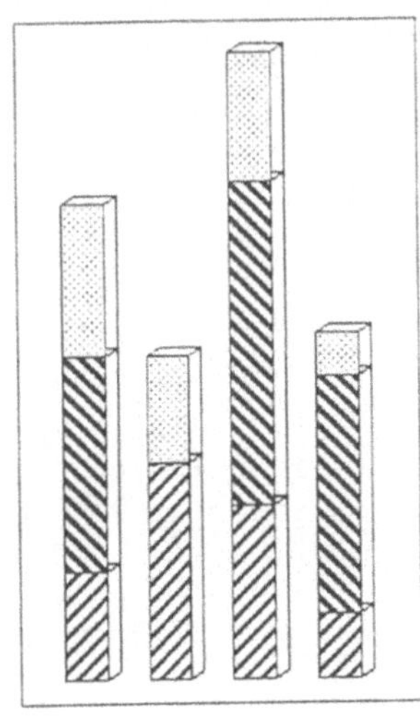

Das nebenstehende Diagramm besteht aus vier Balken, von denen jeder wiederum drei Teilbalken enthält. Der mittlere Teil des zweiten Balkens hat die Höhe 0 und tritt daher nicht in Erscheinung. Das folgende Programm zeichnet dieses Diagramm. Nach der Bereitstellung des Speicherplatzes werden zunächst die Füllmuster und Farben der drei Teilbalken festgelegt; nach der Definition der Höhen aller Teilbalken kann das Diagramm gezeichnet werden. Zum Schluß ist der Speicherplatz wieder freizugeben:

```
VAR
  Diagramm: TBalkendiagramm;
BEGIN
  Diagramm.Init(4,3);
  Diagramm.SetMuster(1,SlashFill,white);
  Diagramm.SetMuster(2,BkSlashFill,blue);
  Diagramm.SetMuster(3,CloseDotFill,red);
  Diagramm.SetHoehe(1,1,50);
  Diagramm.SetHoehe(1,2,100);
  Diagramm.SetHoehe(1,3,70);
  Diagramm.SetHoehe(2,1,100);
  Diagramm.SetHoehe(2,2,0);
  Diagramm.SetHoehe(2,3,50);
  Diagramm.SetHoehe(3,1,80);
  Diagramm.SetHoehe(3,2,150);
  Diagramm.SetHoehe(3,3,60);
  Diagramm.SetHoehe(4,1,30);
  Diagramm.SetHoehe(4,2,110);
  Diagramm.SetHoehe(4,3,20);
  Diagramm.Draw(20,400,20,6,40);
  Diagramm.Done;
END;
```

Ein waagrechter Balken kann durch einen Nachkommen von `TBalken` gezeichnet werden. Dazu sind nur die `Draw`-Methoden anzupassen. Die Variable `H` bezeichnt die (senkrechte) Höhe des Balkens; `rechts` gibt an, ob nach rechts oder nach links gezeichnet wird. Im Konstruktor `TBalkenTeilW.Init` bedeutet jetzt `H` die *Breite* des Teilbalkens.

```
  PBalkenTeilW = ^TBalkenTeilW;
  TBalkenTeilW = OBJECT(TBalkenTeil) {Rezept P.1}
    PROCEDURE Draw
      (Ux,Uy: INTEGER; H: INTEGER; Tiefe: WORD; rechts: BOOLEAN);
  END; {TBalkenTeilW}
```

```
PROCEDURE TBalkenTeilW.Draw;
BEGIN
  SetFillSettings(Muster); {Rezept G.4}
  Bar3D(Ux,Uy-H,Ux+Hoehe,Uy,Tiefe,TopOn);
END;
```

```
TYPE
  PBalkenW = ^TBalkenW;
  TBalkenW = OBJECT(TBalken)
    PROCEDURE Draw
      (Ux,Uy: INTEGER; H: INTEGER; Tiefe: WORD; rechts: BOOLEAN);
  END; {TBalkenW}
```

```
PROCEDURE TBalkenW.Draw;
VAR
  B: INTEGER;

  PROCEDURE CallDraw(P: PBalkenTeilW); FAR;
  BEGIN
    IF rechts THEN BEGIN
      P^.Draw(B,Uy,H,Tiefe,rechts);
      Inc(B,P^.Hoehe);
    END
    ELSE BEGIN
      P^.Draw(B-P^.Hoehe,Uy,H,Tiefe,rechts);
      Dec(B,P^.Hoehe);
    END; {IF}
  END;

BEGIN
  B := Ux;
  Teile^.ForEach(@CallDraw);
END;
```

Die Anwendung erfolgt wie bei Rezept P.1. Nach der Vorbereitung von `Balken` (Typ: `PBalkenW`) erhält man das nebenstehende Bild wie folgt:

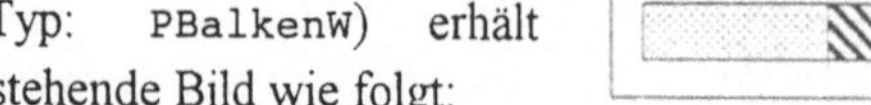

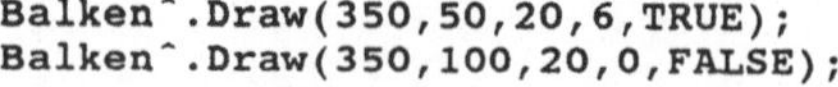

```
Balken^.Draw(350,50,20,6,TRUE);
Balken^.Draw(350,100,20,0,FALSE);
```

Balkendiagramme, bei denen die Balken untereinander angeordnet sind, lassen sich leicht aus `TBalkendiagramm` (Rezept P.2) gewinnen. Man hat lediglich die `Draw`-Methode zu ändern. Die Variable `H` in `SetHoehe` bedeutet jetzt die Breite eines einzelnen Teilbalkens:

```
  TBalkendiagrammW = OBJECT(TBalkendiagramm) {Rezept P.2}
    PROCEDURE Draw
      (Ux,Uy  : INTEGER;  {Linke untere Ecke des Diagramms}
       Breite : INTEGER;  {Höhe eines Balkens}
       Tiefe  : WORD;     {Räumliche Tiefe des Balkens}
       Abstand: INTEGER;  {Abstand zwischen den Balken}
       rechts : BOOLEAN); {Zeichenrichtung}
  END; {TBalkendiagrammW}
```

```
PROCEDURE TBalkendiagrammW.Draw;
VAR
  Balken: PBalkenW; {Rezept P.3}
  S,Z   : WORD;
  Y     : INTEGER;
  M     : FillSettingsType;
BEGIN
  Y := Uy;
  FOR S:=1 TO Hoehen.GetSpalten DO BEGIN
    Balken := New(PBalkenW,Init);
    FOR Z:=1 TO Hoehen.GetZeilen DO BEGIN
      M.Pattern := Muster.GetWert(Z);
      M.Color := Farben.GetWert(Z);
      Balken^.Insert(Hoehen.GetWert(S,Z),M);
    END; {FOR Z}
    Balken^.Draw(Ux,Y,Breite,Tiefe,rechts);
    Dispose(Balken,Done);
    Dec(Y,Abstand);
  END; {FOR S}
END;
```

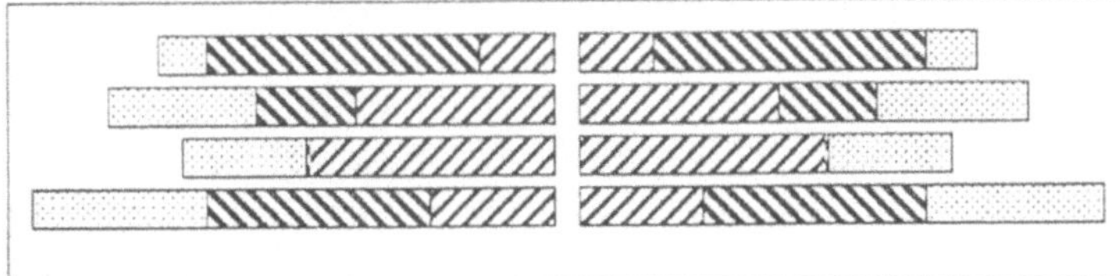

Das obenstehende Bevölkerungsprofil erhält man ähnlich wie bei Rezept P.2:

```
VAR DiagrammW: TBalkendiagrammW;
BEGIN
  DiagrammW.Init(4,3);
  DiagrammW.SetMuster(1,SlashFill,white);
  ...
  DiagrammW.SetHoehe(1,1,50);
  ...
  DiagrammW.Draw(400,400,15,0,20,TRUE);
  DiagrammW.Draw(390,400,15,0,20,FALSE);
  DiagrammW.Done;
END;
```

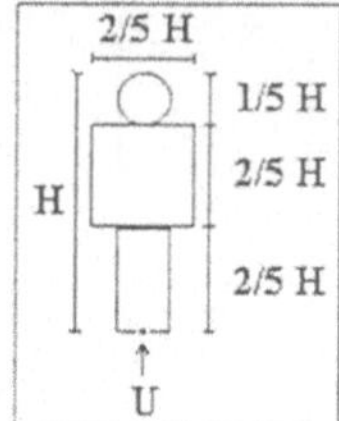

Männchen malen ist ein angenehmer Zeitvertreib im Büro. Am besten geht es natürlich mit Computerunterstützung. Das zugehörige Rezept zeichnet je nach dem Wert der Variablen `m` ein **Männchen** oder ein **Weibchen**. Die Abmessungen des Männchens können der nebenstehenden Abbildung entnommen werden; die Abmessungen der Weibchen sind analog. Die Umrisse werden mit der Farbe `Stift` gezeichnet, die Figuren mit der Farbe `Pinsel` ausgefüllt.

Hier ist das Rezept:

```
PROCEDURE Maennchen
  (Ux,Uy : INTEGER;
   H     : INTEGER;
   m     : BOOLEAN; {Männchen oder Weibchen}
   Stift : WORD;    {Stiftfarbe}
   Pinsel: WORD);   {Füllfarbe}
VAR
  R        : INTEGER;
  Farbe    : WORD;
  FillInfo: FillSettingsType;
BEGIN
  R := H DIV 10;
  Farbe := GetColor;
  GetFillSettings(FillInfo);
  SetColor(Stift);
  SetFillStyle(SolidFill,Pinsel);
  FillEllipse(Ux,Uy-9*R,R,R);
  IF m THEN
    FillRect(Ux-R,Uy-4*R,Ux+R,Uy) {Rezept G.7}
  ELSE
    FillDreieck(Ux,Uy-6*R,Ux-2*R,Uy,Ux+2*R,Uy); {Rezept G.7}
  FillRect(Ux-2*R,Uy-8*R,Ux+2*R,Uy-4*R);
  SetColor(Farbe);
  SetFillSettings(FillInfo); {Rezept G.4}
END;
```

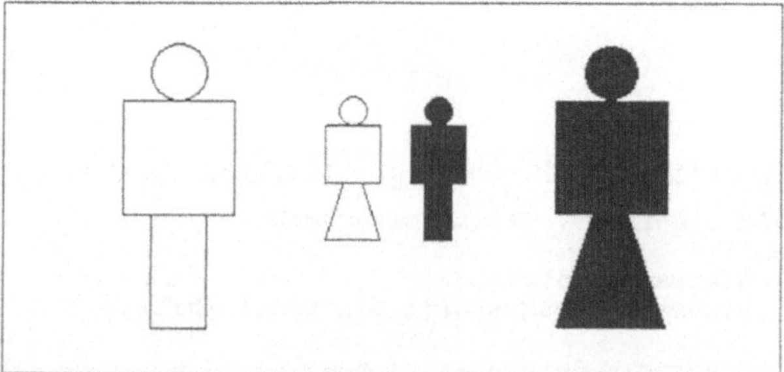

Die nebenstehenden Figuren werden mit der nachstehenden Befehlsfolge gezeichnet:

```
Maennchen(100,200,160,TRUE,white,black);
Maennchen(200,150,80,FALSE,white,black);
Maennchen(250,150,80,TRUE,white,white);
Maennchen(350,200,160,FALSE,black,white);
```

Bevölkerungsstatistiken werden häufig veranschaulicht, indem man eine entsprechende Anzahl von Männchen bzw. Weibchen (Rezept P.5) eng übereinander zeichnet. Das folgende Rezept erledigt das:

```
PROCEDURE BevStatistik
  (Ux,Uy   : INTEGER;  {linke obere Ecke des Bildes}
   H       : INTEGER;  {Größe einer Figur}
   m       : BOOLEAN;  {Männchen/Weibchen}
   Anzahl  : INTEGER;  {Gesamte Anzahl der Figuren}
   Spalten: INTEGER;   {Anzahl der Figuren pro Zeile}
   Stift   : WORD;
   Pinsel  : WORD);
VAR
  dX,dY,dVx: INTEGER; {Abstände der Figuren}
  Vx,Vy    : INTEGER; {Ursprung der ersten Figur einer Zeile}
  X        : INTEGER; {Ursprung der zu zeichnenden Figur}
  i        : INTEGER;
BEGIN
  dX := H DIV 4;
  dY := H DIV 4;
  dVx := H DIV 8;
  Vx := Ux + H DIV 5;
  Vy := Uy + H;
  X := Vx;
  FOR i:=1 TO Anzahl DO BEGIN
    Maennchen(X,Vy,H,m,Stift,Pinsel); {Rezept P.5}
    Inc(X,dX);
    IF (i MOD Spalten)=0 THEN BEGIN {Neue Zeile anfangen}
      Inc(Vx,dVx);
      Inc(Vy,dY);
      X := Vx;
    END; {IF}
  END; {FOR}
END;
```

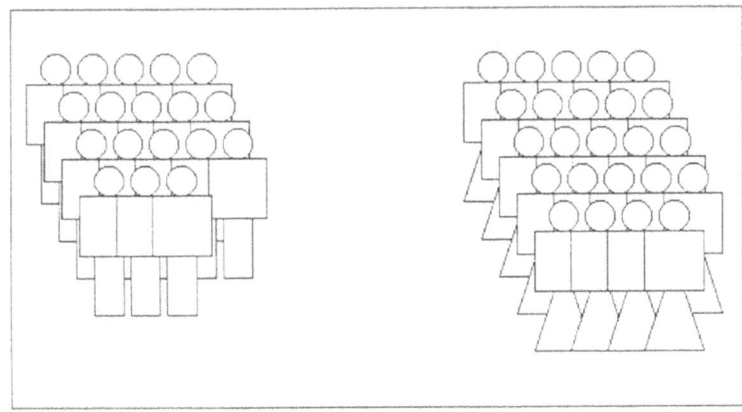

Das obige Bild ist ganz leicht zu zeichnen:

```
BevStatistik(10,10,100,TRUE,18,5,white,black);
BevStatistik(310,10,100,FALSE,24,5,white,black);
```

Häufig möchte man an das Äußere eines Kreises Beschriftungen anbringen. Ein typischer Anwendungsfall sind Tortendiagramme. Die Textausrichtung muß dabei an die Lage des Textes relativ zum Kreis angepaßt werden. Das folgende Rezept erleichtert diese Aufgabe.

Vorzugeben sind der Mittelpunkt und der Radius des Kreises, an den die Beschriftung angebracht werden soll, sowie der Winkel (gemessen in Grad zur Waagrechten im Gegenuhrzeigersinn) der Verbindungslinie zwischen Kreismittelpunkt und Text. S ist der auszugebende Text. Der Kreis selbst wird *nicht* gezeichnet.

```
PROCEDURE TextOutW
  (Ux,Uy: INTEGER; {Mittelpunkt des Kreises}
   R    : WORD;     {Radius des Kreises}
   W    : INTEGER; {Winkel}
   S    : STRING); {Auszugebender Text}
VAR
  V,X,Y        : INTEGER;
  A,B          : WORD;
  TextSettings: TextSettingsType;
  Rz,Wz        : REAL;
BEGIN
  GetTextSettings(TextSettings);
  V := W MOD 360;
  IF V=0 THEN A := CenterText
  ELSE IF V<180 THEN A := BottomText
  ELSE IF V=180 THEN A := CenterText
  ELSE A := TopText;
  V := (W+270) MOD 360;
  IF V=0 THEN B := CenterText
  ELSE IF V<180 THEN B := RightText
  ELSE IF V=180 THEN B := CenterText
  ELSE B := LeftText;
  SetTextJustify(B,A);
  Rz := R+0.5*TextHeight(S);
  Wz := W*Pi/180;
  X := Ux+Round(Rz*cos(Wz));
  Y := Uy-Round(Rz*sin(Wz));
  OutTextXY(X,Y,S);
  SetTextSettings(TextSettings); {Rezept G.4}
END;
```

Das nebenstehende Bild wird wie folgt gezeichnet:

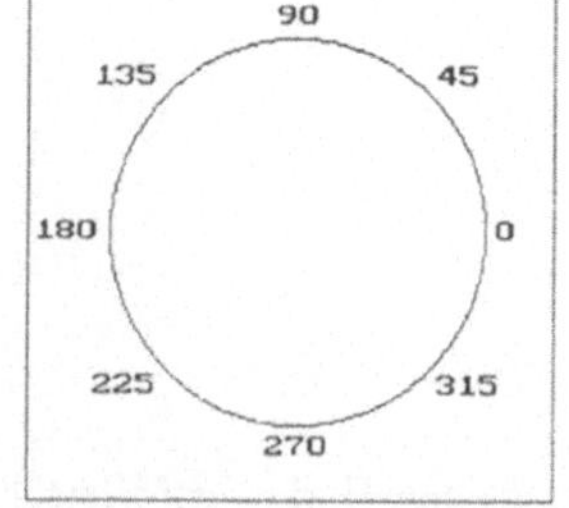


```
VAR
  i: INTEGER;
BEGIN
  Arc(100,100,0,360,70);
  FOR i:=0 TO 7 DO
    TextOutW(100,100,70,i*45,LongToStr(i*45,0)); {Rezept A.5}
END;
```

Ein Tortendiagramm besteht aus einzelnen Sektoren, die mit dem folgenden Rezept gezeichnet werden können. Es ist als Objekt aufgebaut, damit es als Bestandteil eines Tortendiagramms (s. das nächste Rezept) dienen kann:

```
TYPE
  PSektor = ^TSektor;
  TSektor = OBJECT(TObject)
    Winkel      : INTEGER; {Sektorwinkel}
    Muster      : FillSettingsType;
    Beschriftung: STRING;
    CONSTRUCTOR Init
      (W: INTEGER;
       M: FillSettingsType;
       B: STRING);
    PROCEDURE Draw
      (Ux,Uy       : INTEGER; {Kreismittelpunkt}
       Radius      : WORD;
       Startwinkel: INTEGER);
  END; {TSektor}
```

```
CONSTRUCTOR TSektor.Init
  (W: INTEGER;
   M: FillSettingsType;
   B: STRING);
BEGIN
  Winkel := W;
  Muster := M;
  Beschriftung := B;
END;

PROCEDURE TSektor.Draw
  (Ux,Uy      : INTEGER;
   Radius     : WORD;
   Startwinkel: INTEGER);
BEGIN
  SetFillSettings(Muster); {Rezept G.4}
  PieSlice(Ux,Uy,Startwinkel,Startwinkel+Winkel,Radius);
  TextOutW(Ux,Uy,Radius,Startwinkel+Winkel DIV 2,Beschriftung);
    {Rezept P.7}
END;
```

Um den Tortensektor (s. Bild) zu erhalten, wird zunächst `Sektor` mit dem Sektorwinkel 70° und dem Füllmuster initialisiert; anschließend wird unter Angabe von Mittelpunkt, Radius und Startwinkel gezeichnet:

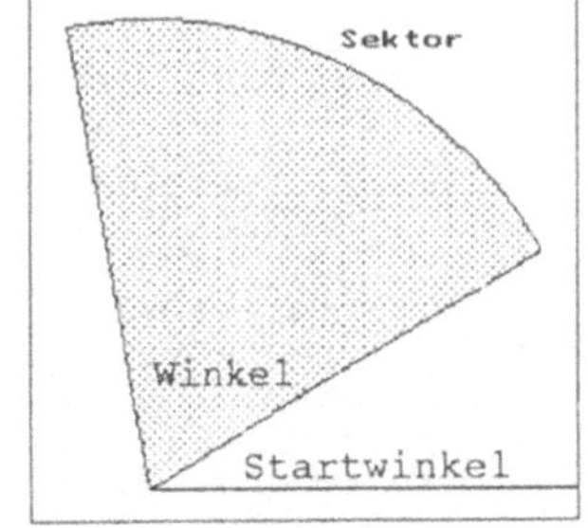


```
VAR
  Sektor: TSektor;
  Muster: FillSettingsType;
BEGIN
  Muster.Color := white;
  Muster.Pattern := CloseDotFill;
  Sektor.Init(70,Muster,'Sektor');
  Sektor.Draw(300,200,180,30);
END;
```

Ein Tortendiagramm kann aus einzelnen Sektoren vom Typ `TSektor` (Rezept P.8) aufgebaut werden:

```
TYPE
  PTorte = ^TTorte;
  TTorte = OBJECT
    Teile: PCollection;
    CONSTRUCTOR Init;
    DESTRUCTOR Done; VIRTUAL;
    PROCEDURE Insert(Winkel: INTEGER; Muster: FillSettingsType;
      Beschriftung: STRING);
    PROCEDURE Draw(Ux,Uy: INTEGER; Radius: INTEGER;
      Startwinkel: INTEGER);
  END; {TTorte}
```

```
CONSTRUCTOR TTorte.Init;
BEGIN Teile := New(PCollection,Init(5,1)); END;

DESTRUCTOR TTorte.Done;
BEGIN Dispose(Teile,Done); END;

PROCEDURE TTorte.Insert;
BEGIN
  Teile^.Insert(New(PSektor,Init(Winkel,Muster,Beschriftung)));
END;

PROCEDURE TTorte.Draw;
VAR
  W: INTEGER;

  PROCEDURE CallDraw(P: PSektor); FAR;
  BEGIN
    P^.Draw(Ux,Uy,Radius,W);
    Inc(W,P^.Winkel);
  END;

BEGIN
  W := Startwinkel; Teile^.ForEach(@CallDraw);
END;
```

Das Zeichnen der Torte erfolgt ähnlich wie bei `TBalken` (Rezept P.1):

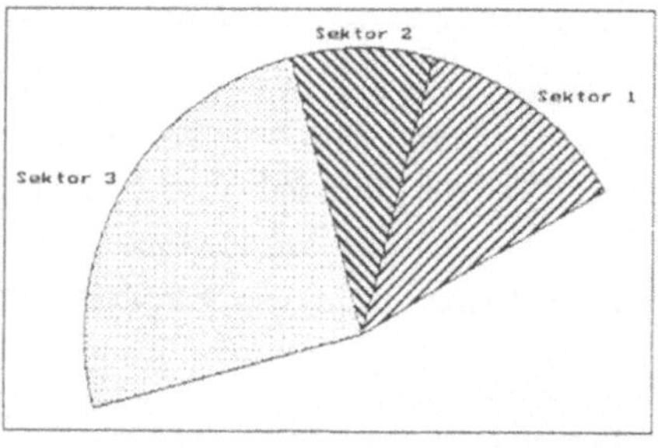


```
VAR
  Muster: FillSettingsType;
  Torte : PTorte;
BEGIN
  Muster.Color := white;
  Torte := New(PTorte,Init);
  Muster.Pattern := SlashFill;
  Torte^.Insert(45,Muster,'Sektor 1');
  ... {Weitere Sektoren}
  Torte^.Draw(400,420,180,30);
  Dispose(Torte,Done);
END;
```

R RECHNEN

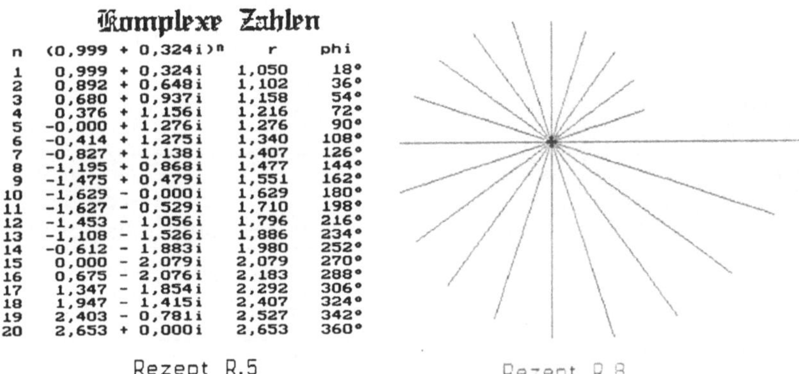

Komplexe Zahlen

n	$(0,999 + 0,324i)^n$	r	phi
1	0,999 + 0,324i	1,050	18°
2	0,892 + 0,648i	1,102	36°
3	0,680 + 0,937i	1,158	54°
4	0,376 + 1,156i	1,216	72°
5	-0,000 + 1,276i	1,276	90°
6	-0,414 + 1,275i	1,340	108°
7	-0,827 + 1,138i	1,407	126°
8	-1,195 + 0,868i	1,477	144°
9	-1,475 + 0,479i	1,551	162°
10	-1,629 - 0,000i	1,629	180°
11	-1,627 - 0,529i	1,710	198°
12	-1,453 - 1,056i	1,796	216°
13	-1,108 - 1,526i	1,886	234°
14	-0,612 - 1,883i	1,980	252°
15	0,000 - 2,079i	2,079	270°
16	0,675 - 2,076i	2,183	288°
17	1,347 - 1,854i	2,292	306°
18	1,947 - 1,415i	2,407	324°
19	2,403 - 0,781i	2,527	342°
20	2,653 + 0,000i	2,653	360°

Rezept R.5

Rezept R.8

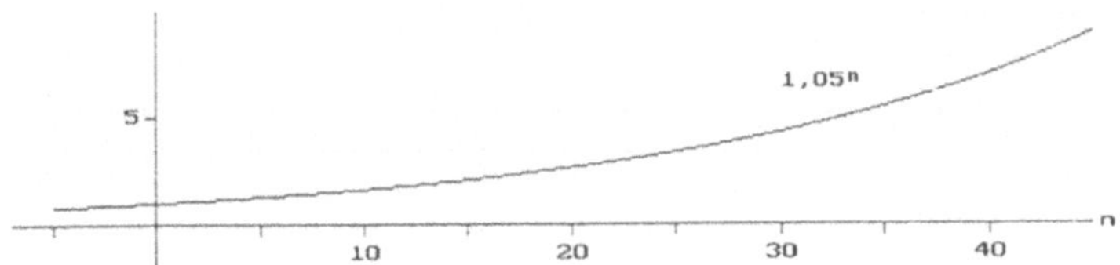

Die Rezepte auf dieser Seite berechnen arithmetische Funktionen, die teilweise mit ganzzahligen Werten arbeiten; die folgende Tabelle gibt ihre Definition.

In der WINDOWS-API wird eine weitere Funktion bereitgestellt, die ebenfalls in der Tabelle beschrieben ist.

Diese vier Funktionen benötigen keine Gültigkeitsüberprüfung.

Funktion	Name (Rezept)	Beschreibung
Exponentialfunktion a^n a reell, n ganzzahlig, $n \geq 0$	**`RealPotenz(a,n)`**	a^n, Ergebnis `REAL`
Exponentialfunktion a^n a, n ganzzahlig, $n \geq 0$	**`Potenz(a,n)`**	a^n, Ergebnis `LONGINT`
Fakultät $n!$	**`Fak(n)`**	1 für $n < 0$ $n!$ sonst `High(LONGINT)` für $n > 12$
ab/c a,b,c ganzzahlig	`MulDiv(a,b,c)`	ab/c, begrenzt auf den Wertebereich von INTEGER

```
FUNCTION RealPotenz(a: REAL; n: INTEGER): REAL;
VAR
  i: INTEGER;
  P: REAL;
BEGIN
  P := 1;
  FOR i:=1 TO n DO P := P*a;
  RealPotenz := P;
END;
```

```
FUNCTION Potenz(a,n: INTEGER): LONGINT;
VAR
  i: INTEGER;
  P: LONGINT;
BEGIN
  P := 1;
  FOR i:=1 TO n DO P := P*a;
  Potenz := P;
END;
```

```
FUNCTION Fak(n: INTEGER): LONGINT;
VAR
  i: INTEGER;
  P: LONGINT;
BEGIN
 IF n<0 THEN Fak:=1 ELSE IF n>12 THEN Fak:=High(LONGINT) ELSE BEGIN
   P := 1;
   FOR i:=1 TO n DO P := P*i;
   Fak := P;
 END; {IF}
END;
```

Borland Pascal stellt einige arithmetische Funktionen zur Verfügung. Diese sind jedoch nicht problemlos zu verwenden: werden unzulässige Werte übergeben, oder überschreitet das Ergebnis den Wertebereich der `REAL`-Zahlen, so wird das Programm mit einem Laufzeitfehler abgebrochen. Daher muß man entsprechende Überprüfungen vornehmen; die Rezepte auf dieser Seite erledigen das. Die folgende Tabelle gibt eine Übersicht:

Funktion	Rezept	Beschreibung
Natürlicher Logarithmus $\ln x$	**`FLn(X)`**	-10^{30} für $x=0$ $\ln\|x\|$ für $x \neq 0$
Exponentialfunktion e^x	**`FExp(X)`**	0 für $x < \ln 10^{-30}$ e^x sonst 10^{30} für $x > \ln 30$
Exponentialfunktion a^x, $a>0$	**`AExp(a,x)`**	$e^{x \ln a}$
Quadratwurzel $\sqrt{x}$	**`FSqrt(X)`**	0 für $x<0$ $\sqrt{x}$ sonst

```
FUNCTION FLn(X: REAL): REAL;
BEGIN
  IF X=0 THEN FLn := -1E30
  ELSE FLn := System.Ln(Abs(X));
END;
```

```
FUNCTION FExp(X: REAL): REAL;
BEGIN
  IF X>Ln(1E30) THEN FExp := 1E30
  ELSE IF X<Ln(1E-30) THEN FExp := 0
  ELSE FExp := System.Exp(X);
END;
```

```
FUNCTION AExp(a,x: REAL): REAL;
BEGIN
  AExp := FExp(x*FLn(a));
END;
```

```
FUNCTION FSqrt(X: REAL): REAL;
BEGIN
  IF X<0 THEN FSqrt := 0
  ELSE FSqrt := System.Sqrt(X);
END;
```

Bei den Standardfunktionen

```
Abs
ArcTan
Cos
Sin
Sqr
```

sind keine Gültigkeitsprüfungen notwendig.

Die Umkehrungen der trigonometrischen Funktionen sind die **zyklometrischen Funktionen**. Der Turbo-Pascal-Standard stelllt nur `ArcTan` zur Verfügung; die übrigen sind wie folgt zu berechnen:

```
FUNCTION ArcCot(X: REAL): REAL; FAR;
BEGIN
  ArcCot := Pi/2 - ArcTan(X);
END;
```

```
FUNCTION ArcSin(X: REAL): REAL; FAR;
BEGIN
  IF X>=1 THEN ArcSin := Pi/2
  ELSE IF X<=-1 THEN ArcSin := -Pi/2
  ELSE ArcSin := ArcTan(X/Sqrt(1-Sqr(X)));
END;
```

```
FUNCTION ArcCos(X: REAL): REAL; FAR;
BEGIN
  ArcCos := Pi/2-ArcSin(X);
END;
```

Unten sind graphische Darstellungen der zyklometrischen Funktionen zu sehen. Den `ArcCos` erhält man beispielsweise mit

```
Funktionsgraph(100,350,50,150,50,50,ArcCos); {R.10}
```

Die Koordinatenachsen sind zur Verdeutlichung dazugezeichnet.

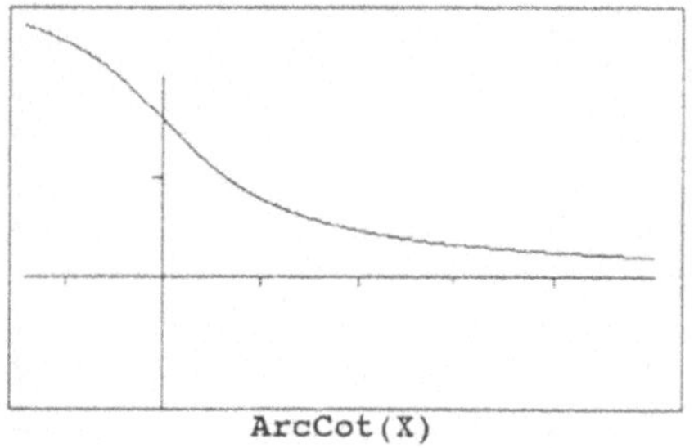

ArcCot(X)

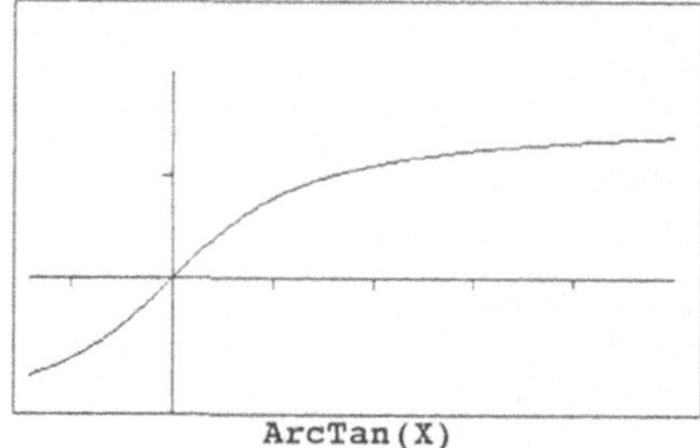

ArcTan(X)

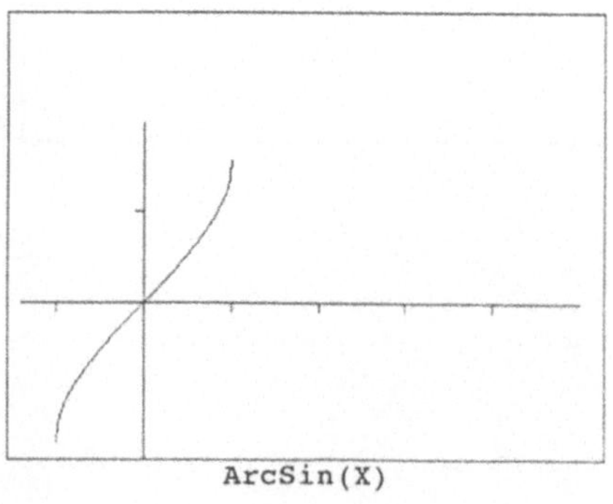

ArcSin(X)

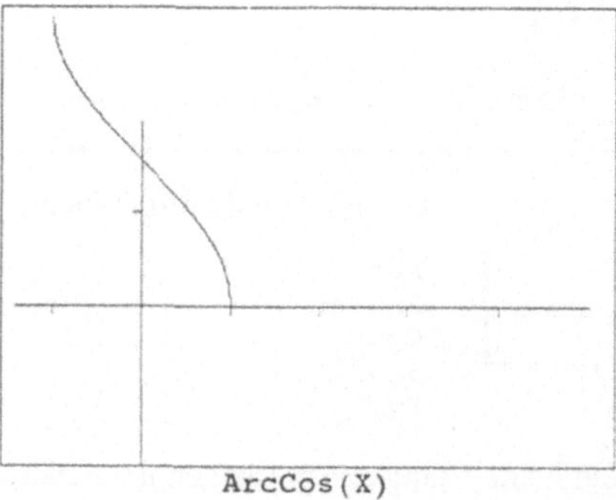

ArcCos(X)

Oft benötigt man das Minimum oder das Maximum einer ganzen oder reellen Zahl. Die ersten vier Rezepte auf dieser Seite berechnen das Minimum bzw. das Maximum. Die beiden übrigen Rezepte begrenzen die Zahl `Wert` auf einen vorgegebenen Bereich:

```
FUNCTION max(a,b: LONGINT): LONGINT;
BEGIN
  IF a>=b THEN max := a
  ELSE max := b;
END;
```

```
FUNCTION min(a,b: LONGINT): LONGINT;
BEGIN
  IF a<=b THEN min := a
  ELSE min := b;
END;
```

```
FUNCTION maxReal(a,b: REAL): REAL;
BEGIN
  IF a>=b THEN maxReal := a
  ELSE maxReal := b;
END;
```

```
FUNCTION minReal(a,b: REAL): REAL;
BEGIN
  IF a<=b THEN minReal := a
  ELSE minReal := b;
END;
```

```
FUNCTION MinMax(Minimum,Maximum,Wert: LONGINT): LONGINT;
BEGIN
  IF Wert<Minimum THEN MinMax := Minimum
  ELSE IF Wert>Maximum THEN MinMax := Maximum
  ELSE MinMax := Wert;
END;
```

```
FUNCTION MinMaxReal(Minimum,Maximum,Wert: REAL): REAL;
BEGIN
  IF Wert<Minimum THEN MinMaxReal := Minimum
  ELSE IF Wert>Maximum THEN MinMaxReal := Maximum
  ELSE MinMaxReal := Wert;
END;
```

Das nebenstehende Bild zeigt eine Rampenfunktion; sie ist linear, aber durch −1 und +1 begrenzt:

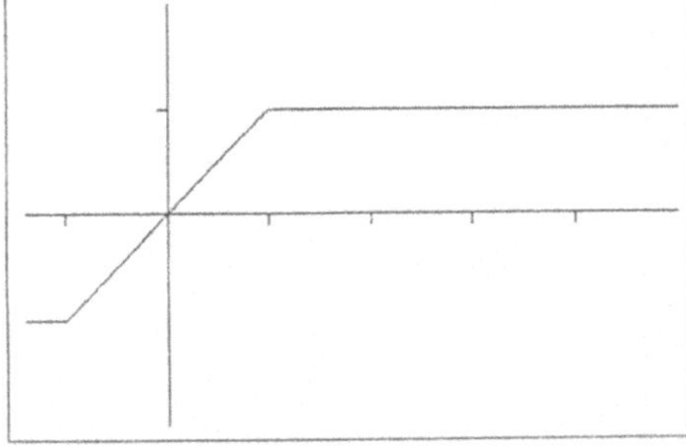

```
FUNCTION Rampe
  (X: REAL): REAL; FAR;
BEGIN
  Rampe :=
    MinMaxReal(-1,1,X);
END;
```

Das folgende Rezept stellt Hilfsmittel für das Rechnen mit **komplexen Zahlen** bereit. Grundlage ist ein Objekt, das Betrag und Argument (d.h. den Winkel φ in der komplexen Ebene) speichert. Die Methoden `Set...` initialisieren das Objekt mit vorzugebenden Werten. Die arithmetischen Methoden (`Add` usw.) laden das Objekt mit dem Ergebnis der jeweiligen Operation; dabei muß das Objekt vorher nicht initialisiert werden.

```
komplex = OBJECT
  B,A: REAL; {Betrag und Argument der komplexen Zahl}
  PROCEDURE SetReIm(Re,Im: REAL); {Setzt Real- und Imaginärteil}
  PROCEDURE SetReal(Re: REAL); {Reelle Zahl, Imaginärteil := 0}
  PROCEDURE SetPol(Rho,Phi: REAL); {Setzt Betrag und Argument}
  FUNCTION GetRe: REAL;  {Gibt Realteil zurück}
  FUNCTION GetIm: REAL;  {Gibt Imaginärteil zurück}
  PROCEDURE Add(Z1,Z2: komplex); {Ergibt Z1+Z2}
  PROCEDURE Sub(Z1,Z2: komplex); {Ergibt Z1-Z2}
  PROCEDURE Mul(Z1,Z2: komplex); {Ergibt Z1*Z2}
  PROCEDURE Dvd(Z1,Z2: komplex); {Ergibt Z1/Z2}
  PROCEDURE Pot(N: INTEGER; Z: komplex); {Ergibt N-te Potenz von Z}
  PROCEDURE Wur(N: INTEGER; Z: komplex; k: INTEGER);
    {Ergibt die N verschiedenen N-ten Wurzeln von Z}
END; {komplex}
```

```
PROCEDURE komplex.SetReIm(Re,Im: REAL);

  FUNCTION Sgn(X: REAL): SHORTINT;
  BEGIN
    IF X>0 THEN Sgn := 1 ELSE IF X=0 THEN Sgn := 0 ELSE Sgn := -1;
  END;

  FUNCTION Step(X: REAL): SHORTINT;
  BEGIN
    IF X>=0 THEN Step := 1 ELSE Step := -1;
  END;

BEGIN
  B := Sqrt(Sqr(Re)+Sqr(Im));
  IF Re=0 THEN A := Sgn(Im)*Pi/2
  ELSE IF Re>0 THEN A := ArcTan(Im/Re)
  ELSE A := ArcTan(Im/Re)+Step(Im)*Pi;
END;

PROCEDURE komplex.SetReal(Re: REAL);
BEGIN
  B := Abs(Re); IF Re>=0 THEN A := 0 ELSE A := Pi;
END;

PROCEDURE komplex.SetPol(Rho,Phi: REAL);
BEGIN
  B := Rho; A := Phi;
END;

FUNCTION komplex.GetRe: REAL;
BEGIN GetRe := B*cos(A); END;

FUNCTION komplex.GetIm: REAL;
BEGIN
  GetIm := B*sin(A);
END;
```

```
PROCEDURE komplex.Add(Z1,Z2: komplex);
BEGIN
  SetReIm(Z1.GetRe+Z2.GetRe,Z1.GetIm+Z2.GetIm);
END;

PROCEDURE komplex.Sub(Z1,Z2: komplex);
BEGIN
  SetReIm(Z1.GetRe-Z2.GetRe,Z1.GetIm-Z2.GetIm);
END;

PROCEDURE komplex.Mul(Z1,Z2: komplex);
BEGIN
  B := Z1.B*Z2.B; A := Z1.A+Z2.A;
END;

PROCEDURE komplex.Dvd(Z1,Z2: komplex);
BEGIN
  IF Z2.B=0 THEN B := 1E30 ELSE B := Z1.B/Z2.B;
  A := Z1.A-Z2.A;
END;

PROCEDURE komplex.Pot(N: INTEGER; Z: komplex);
BEGIN
  B := RealPotenz(Z.B,N); {Rezept R.1}
  A := Z.A*N;
END;

PROCEDURE komplex.Wur(N: INTEGER; Z: komplex; k: INTEGER);
BEGIN
  IF N=0 THEN BEGIN
    B := 1E30; A := 0;
  END
  ELSE BEGIN
    B := AExp(Z.B,1/N); {Rezept R.2}  A := (Z.A + 2*k*Pi)/N;
  END;
END;
```

Das folgende Programm berechnet den Ausdruck

$$\frac{\sqrt[3]{5}(-1+5i)^2}{1+2i}-(10+7i)$$

und zeigt das Ergebnis auf dem Bildschirm an (s. Bild unten):

```
VAR
  A,B: komplex;
BEGIN
  A.SetReal(5); A.Wur(3,A,0);
  B.SetReIm(-1,5); B.Pot(2,B);
  A.Mul(A,B);
  B.SetReIm(1,2);
  A.Dvd(A,B);
  B.SetReIm(10,7); A.Sub(A,B);
  Writeln(A.GetRe:8:5,'+',A.GetIm:8:5,'i; Betrag=',
    A.B:8:5,'; Argument= ',A.A*180/Pi:8:5,' Grad');
END;
```

```
-25.04779+ 5.99582i; Betrag=25.75542; Argument= 166.53812 Grad
```

Das folgende Rezept berechnet die Lösungen der quadratischen Gleichung

$$ax^2 + bx + c = 0$$

und speichert sie in den Variablen `X1` und `X2`. Je nach den Werten der Koeffizienten `a`, `b` und `c` gibt es keine, eine oder zwei verschiedene Lösungen; diese Anzahl wird von der Funktion zurückgegeben. Der Fall `a=0` (lineare Gleichung) wird ebenfalls berücksichtigt.

```
FUNCTION QuadrGl
  (     a,b,c: REAL;
    VAR X1,X2: REAL): BYTE;
VAR
  D: REAL;
BEGIN
  X1 := 0;
  X2 := 0;
  QuadrGl := 0;
  IF a=0 THEN BEGIN
    IF b<>0 THEN BEGIN
      QuadrGl := 1;
      X1 := -c/b;
      X2 := X1;
    END {IF b}
  END
  ELSE BEGIN {a<>0}
    d := Sqr(b)-4*a*c;
    IF d=0 THEN BEGIN
      QuadrGl := 1;
      X1 := -b/(2*a);
      X2 := X1;
    END
    ELSE IF d>0 THEN BEGIN
      QuadrGl := 2;
      d := Sqrt(d);
      X1 := (-b+d)/(2*a);
      X2 := (-b-d)/(2*a);
    END; {IF d}
  END; {IF a}
END;
```

Das folgende Testprogramm berechnet die Lösungen einiger quadratischer Gleichungen und zeigt sie an (vgl. nebenstehendes Bild). Das erste Beispiel

$$3x^2 - 3x - 6 = 0$$

etwa hat die beiden Lösungen „2" und „–1".

```
a  =  3.00; b  = -3.00; c  = -6.00;
X1 =  2.00; X2 = -1.00; Anzahl: 2

a  =  2.00; b  =  7.00; c  =  6.00;
X1 = -1.50; X2 = -2.00; Anzahl: 2

a  =  2.00; b  =  8.00; c  =  8.00;
X1 = -2.00; X2 = -2.00; Anzahl: 1

a  =  2.00; b  =  8.00; c  =  9.00;
X1 =  0.00; X2 =  0.00; Anzahl: 0

a  =  0.00; b  =  2.00; c  = -4.00;
X1 =  2.00; X2 =  2.00; Anzahl: 1

a  =  0.00; b  =  0.00; c  = -4.00;
X1 =  0.00; X2 =  0.00; Anzahl: 0
```

```
PROCEDURE Test;

  PROCEDURE Beispiel(a,b,c: REAL);
  VAR
    X1,X2: REAL;
    Anz  : BYTE;
  BEGIN
    Anz := QuadrGl(a,b,c,X1,X2);
    Write('a  = ',a:5:2,'; ');
    Write('b  = ',b:5:2,'; ');
    Writeln('c  = ',c:5:2,'; ');
    Write('X1 = ',X1:5:2,'; ');
    Write('X2 = ',X2:5:2,'; ');
    Writeln('Anzahl: ',Anz);
    Writeln;
  END;

BEGIN {Test}
  ClrScr;
  Beispiel(3,-3,-6);
  Beispiel(2,7,6);
  Beispiel(2,8,8);
  Beispiel(2,8,9);
  Beispiel(0,2,-4);
  Beispiel(0,0,-4);
  ReadKey;
END; {Test}
```

Das folgende Rezept berechnet die Lösungen der quadratischen Gleichung

$$ax^2 + bx + c = 0$$

mit beliebigen komplexen Koeffizienten `a`, `b` und `c`:

```
PROCEDURE QuadrGlK
  (     a,b,c: komplex; {R.5}
   VAR X1,X2: komplex);
VAR
  minusB,D,N,T: komplex;
BEGIN
  minusB.SetReal(-1);
  minusB.Mul(minusB,b);
  IF a.B=0 THEN BEGIN
    IF b.B=0 THEN BEGIN
      X1.SetReal(0);
      X2.SetReal(0);
    END
    ELSE BEGIN
      X1.Dvd(c,minusB);
      X2 := X1;
    END; {IF b}
  END
  ELSE BEGIN {a<>0}
    N.SetReal(2);
    N.Mul(N,a); {N=2a}
    D.SetReal(4);
    D.Mul(D,a);
    D.Mul(D,c);
    T.Pot(2,b);
    D.Sub(T,D); {D=b**2 - 4ac}
    D.Wur(2,D,0);
    X1.Add(minusB,D);
    X1.Dvd(X1,N);
    X2.Sub(minusB,D);
    X2.Dvd(X2,N);
  END;
END;
```

Das folgende Testprogramm berechnet die Lösungen der Gleichung

$$2x^2 - 4x + 10$$

($1+2i$, $1-2i$) und schreibt sie auf den Bildschirm. Das untenstehende Bild zeigt noch einige weitere Beispiele.

```
VAR a,b,c: komplex;
  PROCEDURE Beispiel;
  VAR X1,X2: komplex;
  BEGIN
    QuadrGlK(a,b,c,X1,X2);
    Write   ('a  = ',a .GetRe:5:2,' + ',a .GetIm:5:2,'i; ');
    Write   ('b  = ',b .GetRe:5:2,' + ',b .GetIm:5:2,'i; ');
    Writeln('c  = ',c .GetRe:5:2,' + ',c .GetIm:5:2,'i; ');
    Write   ('X1 = ',X1.GetRe:5:2,' + ',X1.GetIm:5:2,'i; ');
    Write   ('X2 = ',X2.GetRe:5:2,' + ',X2.GetIm:5:2,'i; ');
    Writeln;
  END;
BEGIN
  a.SetReal(2); b.SetReal(-4); c.SetReal(10);
  Beispiel; ReadKey;
END;
```

```
a  =  2.00 +  0.00i; b  = -4.00 +  0.00i; c  = 10.00 +  0.00i;
X1 =  1.00 +  2.00i; X2 =  1.00 + -2.00i;
a  =  2.00 +  0.00i; b  =  8.00 +  0.00i; c  =  8.00 +  0.00i;
X1 = -2.00 +  0.00i; X2 = -2.00 +  0.00i;
a  =  0.00 +  0.00i; b  =  2.00 +  0.00i; c  = -4.00 +  0.00i;
X1 =  2.00 +  0.00i; X2 =  2.00 +  0.00i;
a  =  0.00 +  0.00i; b  =  0.00 +  0.00i; c  = -4.00 +  0.00i;
X1 =  0.00 +  0.00i; X2 =  0.00 +  0.00i;
a  =  1.00 +  0.00i; b  = -2.00 + -3.00i; c  = -1.00 +  3.00i;
X1 =  1.00 +  1.00i; X2 =  1.00 +  2.00i;
```

Das folgende Rezept stellt eine komplexe Zahl auf dem Bildschirm dar, indem es eine Linie vom Ursprung der komplexen Ebene zu dieser Zahl zeichnet. Die Methode `SetDraw` definiert den Ursprung der komplexen Ebene auf dem Bildschirm und den Maßstab, mit dem gezeichnet wird; dabei gibt `Ma` an, wie viele Pixel für eine Linie der Länge 1 verwendet werden. Mit `Draw` zeichnet sich das Objekt selbst.

```
komplexDos = OBJECT(komplex) {Rezept R.5}
  X,Y: INTEGER; {Ursprung}
  M  : INTEGER; {Maßstab: M Pixel für Wert 1}
  PROCEDURE SetDraw(Ux,Uy,Ma: INTEGER);
  PROCEDURE Draw;
END; {komplexDos}
```

```
PROCEDURE komplexDos.SetDraw(Ux,Uy,Ma: INTEGER);
BEGIN
  X := Ux;
  Y := Uy;
  M := Ma;
END;

PROCEDURE komplexDos.Draw;
BEGIN
  Line(X,Y,X+Round(GetRe*M),Y-Round(GetIm*M));
END;
```

Das folgende Programm zeichnet die fünften Einheitswurzeln. Die Koordinatenachsen und der Einheitskreis wurden im nebenstehenden Bild zur Verdeutlichung dazugezeichnet.

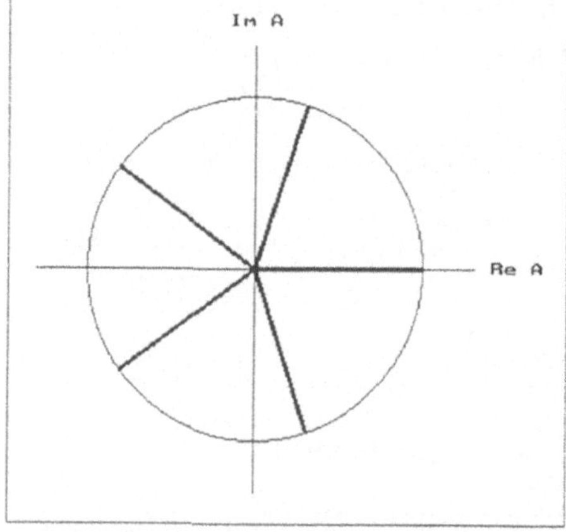


```
PROCEDURE Zeichne_komplex;
CONST
  X = 200;
  Y = 200;
  w = 5;
VAR
  A,B: komplexDos;
  i  : INTEGER;
BEGIN
  ...
  B.SetReal(1);
  A.SetDraw(X,Y,100);
  FOR i:=0 TO w-1 DO BEGIN
    A.Wur(w,B,i);
    A.Draw;
  END;
  ...
END;
```

Das folgende Rezept stellt eine komplexe Zahl auf dem Bildschirm dar, indem es eine Linie vom Ursprung der komplexen Ebene zu dieser Zahl zeichnet. Die Methode `SetDraw` definiert den Ursprung der komplexen Ebene auf dem Bildschirm und den Maßstab, mit dem gezeichnet wird; dabei gibt `Ma` an, wie viele Pixel für eine Linie der Länge 1 verwendet werden. Mit `Draw` zeichnet sich das Objekt selbst.

```
komplexWin = OBJECT(komplex) {Rezept R.5}
  X,Y: INTEGER; {Ursprung}
  M  : INTEGER; {Maßstab: M Pixel für Wert 1}
  PROCEDURE SetDraw(Ux,Uy,Ma: INTEGER);
  PROCEDURE Draw(DC: HDC);
END; {komplexWin}
```

```
PROCEDURE komplexWin.SetDraw(Ux,Uy,Ma: INTEGER);
BEGIN
  X := Ux;
  Y := Uy;
  M := Ma;
END;

PROCEDURE komplexWin.Draw(DC: HDC);
BEGIN
  MoveTo(DC,X,Y);
  LineTo(DC,X+Round(GetRe*M),Y-Round(GetIm*M));
END;
```

Das folgende Programm zeichnet die siebten Einheitswurzeln. Die Koordinatenachsen und der Einheitskreis wurden im nebenstehenden Bild zur Verdeutlichung dazugezeichnet.

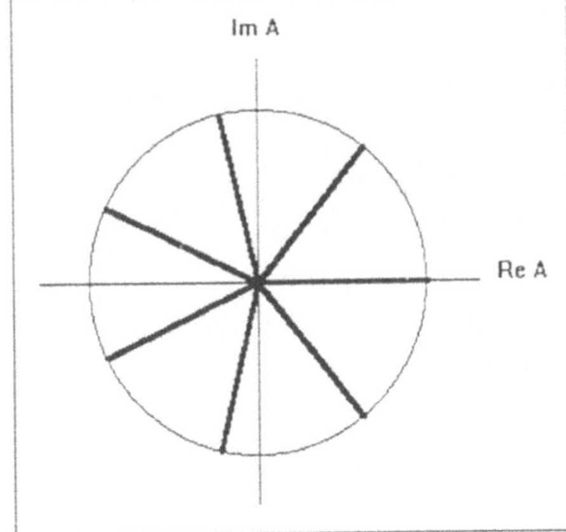


```
CONST
  X = 200; Y = 200;
  w = 7;
VAR
  A,B: komplexWin;
  i  : INTEGER;
  DC : HDC;
BEGIN
  DC := GetDC(HWindow);
  ...
  B.SetReal(1);
  A.SetDraw(X,Y,100);
  FOR i:=0 TO w-1 DO BEGIN
    A.Wur(w,B,i);
    A.Draw(DC);
  END;
  ...
  ReleaseDC(HWindow,DC);
END;
```

Das folgende Rezept zeichnet den Graphen einer Funktion. Der Abszissen- bzw. Ordinatenwert 1 hat auf dem Bild eine Länge von `Mx` bzw. `My` Pixel:

```
PROCEDURE Funktionsgraph
  (Ux,Uy        : INTEGER;          {Koordinatenursprung}
   links,rechts: INTEGER;           {Bereich, in dem gezeichnet wird}
   Mx,My        : REAL;             {Maßstäbe}
   f            : Funktionstyp);    {Zu zeichnende Funktion}
VAR
  X: INTEGER;

  FUNCTION Y: INTEGER;
  BEGIN
    Y := Round(Uy-f((X-Ux)/Mx)*My);
  END;

BEGIN
  X := links;
  MoveTo(X,Y);
  FOR X:=links+1 TO rechts DO
    LineTo(X,Y);
END;
```

Das Rezept verwendet folgende Typdeklaration:

```
TYPE
  Funktionstyp = FUNCTION(X: REAL): REAL;
```

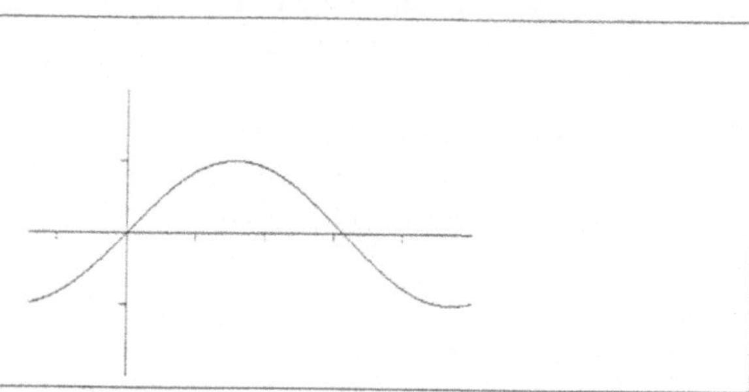

Standardfunktionen sind nicht direkt verwendbar. Für Sinus und Cosinus kann man die Funktionen

```
FUNCTION Sinus(X: REAL): REAL; FAR;
BEGIN
  Sinus := System.Sin(X);
END;

FUNCTION Cosinus(X: REAL): REAL; FAR;
BEGIN
  Cosinus := System.Cos(X);
END;
```

einsetzen; sie müssen als `FAR` deklariert sein. Das obenstehende Bild (die Koordinatenachsen sind zur Verdeutlichung dazugezeichnet) erhält man mit dem Befehl

```
Funktionsgraph(100,150,30,350,50,50,Sinus);
```

S Statuszeile und Toolbar in MDI-Anwendungen

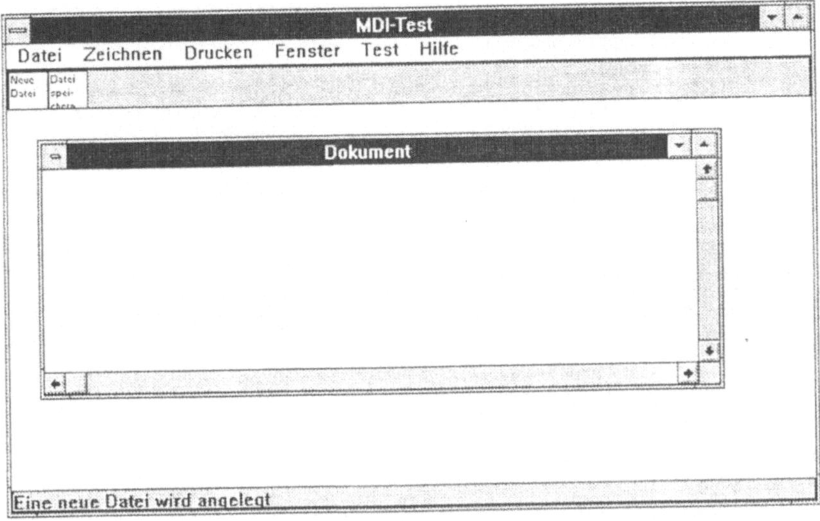

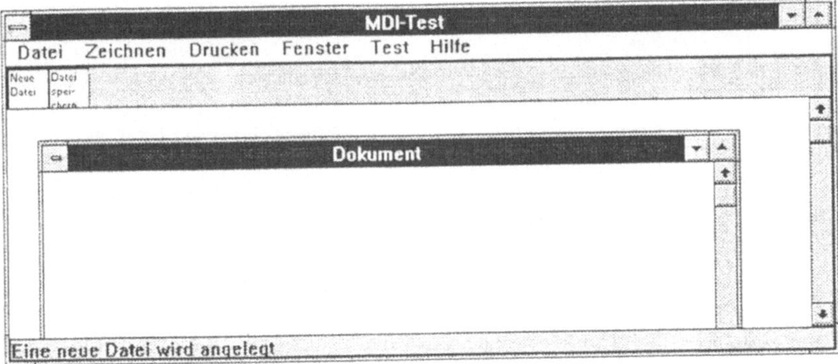

In MDI-Anwendungen benötigt man häufig Fenster, die nicht zum Client-Bereich gehören und immer an festen Positionen innerhalb des Hauptfensters stehen sollen. Beispiele dafür sind Statuszeilen und Toolbars. Das folgende Rezept stellt einen Fenstertyp vor, der für diesen Zweck eingesetzt werden kann:

```
PFixWindow = ^TFixWindow;
TFixWindow = OBJECT(TWindow)
 Abmessung: INTEGER;
 CONSTRUCTOR Init(AParent: PWindowsObject; Rahmen: BOOLEAN);
 PROCEDURE SetOben(VAR R:TRect);  PROCEDURE SetUnten(VAR R:TRect);
 PROCEDURE SetLinks(VAR R:TRect); PROCEDURE SetRechts(VAR R:TRect);
END;
```

```
CONSTRUCTOR TFixWindow.Init;
BEGIN
  INHERITED Init(AParent,'');
  SetFlags(wb_MDIChild,False);
  Attr.Style := ws_Child OR ws_Visible;
  IF Rahmen THEN Attr.Style := Attr.Style OR ws_Border;
  Abmessung := 0;
END;

PROCEDURE TFixWindow.SetOben(VAR R: TRect);
BEGIN
  WITH R DO MoveWindow(HWindow,left,top,right-left,Abmessung,TRUE);
  R.top := R.top+Abmessung;
END;

PROCEDURE TFixWindow.SetUnten(VAR R: TRect);
BEGIN
  R.bottom := R.bottom-Abmessung;
  WITH R DO
    MoveWindow(HWindow,left,bottom,right-left,Abmessung,TRUE);
END;

PROCEDURE TFixWindow.SetLinks(VAR R: TRect);
BEGIN
  WITH R DO MoveWindow(HWindow,left,top,Abmessung,bottom-top,TRUE);
  R.left := R.left+Abmessung;
END;

PROCEDURE TFixWindow.SetRechts(VAR R: TRect);
BEGIN
  R.right := R.right-Abmessung;
  WITH R DO
    MoveWindow(HWindow,right,top,Abmessung,bottom-top,TRUE);
END;
```

Das nebenstehende Hauptfenster enthält fünf untergeordnete Fenster vom Typ `TFixWindow`. Zur Verdeutlichung sind sie in der Reihenfolge ihrer Erzeugung numeriert.

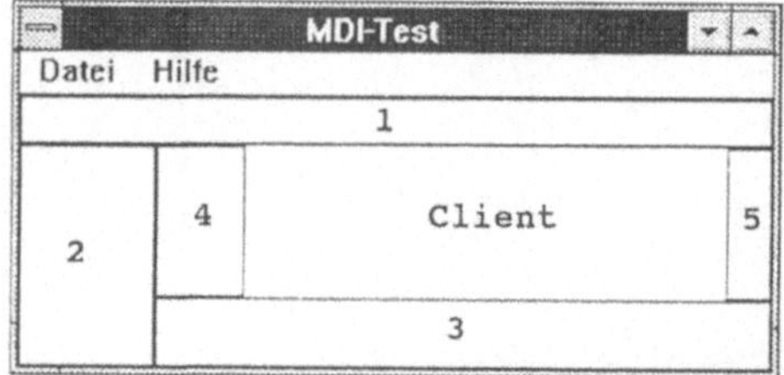

Ihre Erzeugung erfordert eine Reihe einfacher Vorkehrungen. Im Hauptfenster braucht man für jedes Fenster einen Zeiger sowie die Methoden `Init`, `Done` und `WMSize`:

```
THauptfenster = OBJECT(TMDIWindow)
  FixWindow: ARRAY[1..5] OF PFixWindow;
  CONSTRUCTOR Init;
  DESTRUCTOR Done; VIRTUAL;
  PROCEDURE WMSize(VAR Msg: TMessage); VIRTUAL wm_First+wm_Size;
  ... {weitere Deklarationen}
END;
```

Der Konstruktor erzeugt die Fenster und ordnet jedem seine Abmessung in Pixeln zu; für Fenster, die oben oder unten liegen (im Beispiel 1 und 3), ist die Höhe, für die anderen die Breite anzugeben:

```
CONSTRUCTOR THauptfenster.Init;
VAR
  i: INTEGER;
BEGIN
  INHERITED Init('MDI-Test',LoadMenu(HInstance,PChar(cmMenu)));
  FOR i:=Low(FixWindow) TO High(FixWindow) DO
    FixWindow[i] := New(PFixWindow,Init(@Self,TRUE));
  FixWindow[1]^.Abmessung := 20; {Höhe}
  FixWindow[2]^.Abmessung := 60; {Breite}
  FixWindow[3]^.Abmessung := 30; {Höhe}
  FixWindow[4]^.Abmessung := 40; {Breite}
  FixWindow[5]^.Abmessung := 20; {Breite}
END;
```

Der Destruktor gibt die Fenster frei:

```
DESTRUCTOR THauptfenster.Done;
VAR
  i: INTEGER;
BEGIN
  FOR i:=Low(FixWindow) TO High(FixWindow) DO
    Dispose(FixWindow[i],Done);
  INHERITED Done;
END;
```

Die Methode `WMSize` setzt die Fenster und den Client-Bereich an die richtigen Stellen. Zunächst wird `R` mit dem ursprünglichen Client-Bereich geladen; dann werden die Fenster gesetzt. `SetOben` fixiert das erste Fenster am oberen Rand und gibt in `R` den verbleibenden Bereich zurück; analog werden die weiteren Fenster behandelt. Zum Schluß kommt der Client-Bereich in die verbleibende Lücke.

```
PROCEDURE THauptfenster.WMSize(VAR Msg: TMessage);
VAR R: TRect;
BEGIN
  INHERITED WMSize(Msg);
  WITH Msg DO SetRect(R,0,0,lParamLo,lParamHi);
  FixWindow[1]^.SetOben(R);  FixWindow[2]^.SetLinks(R);
  FixWindow[3]^.SetUnten(R);  FixWindow[4]^.SetLinks(R);
  FixWindow[5]^.SetRechts(R);
  WITH R DO MoveWindow(ClientWnd^.HWindow,
    left,top,right-left,bottom-top,TRUE);
END;
```

Das vorhergehende Rezept erzeugt fest positionierte Fenster mit weißem Hintergrund. Das folgende Rezept erzeugt hellgraue Fenster, deren Hintergrundfarbe nachträglich beliebig geändert werden kann:

```
  PFixWindowFarbe = ^TFixWindowFarbe;
  TFixWindowFarbe = OBJECT(TFixWindow) {Rezept S.1}
    Hintergrundfarbe: TColorRef;
    CONSTRUCTOR Init
      (AParent: PWindowsObject;
       Rahmen : BOOLEAN);
    PROCEDURE Paint
      (     PaintDC   : HDC;
       VAR PaintInfo: TPaintStruct); VIRTUAL;
  END; {TFixWindowFarbe}
```

```
CONSTRUCTOR TFixWindowFarbe.Init
  (AParent: PWindowsObject;
   Rahmen : BOOLEAN);
BEGIN
  INHERITED Init(AParent,Rahmen);
  Hintergrundfarbe := $C0C0C0;
END;

PROCEDURE TFixWindowFarbe.Paint
  (     PaintDC   : HDC;
   VAR PaintInfo: TPaintStruct);
VAR
  Rect     : TRect;
  Brush,B : HBrush;
  LogBrush: TLogBrush;
BEGIN
  SetBkColor(PaintDC,Hintergrundfarbe);
  GetClientRect(HWindow,Rect);
  WITH LogBrush DO BEGIN
    lbStyle := bs_Solid;
    lbColor := Hintergrundfarbe;
    lbHatch := 0;
  END; {WITH}
  Brush := CreateBrushIndirect(LogBrush);
  B := SelectObject(PaintDC,Brush);
  FillRect(PaintDC,Rect,Brush);
  SelectObject(PaintDC,B);
  DeleteObject(Brush);
END;
```

Dieses Rezept ist grundsätzlich genauso anzuwenden wie das vorhergehende, jedoch sind folgende Änderungen notwendig (vgl. das Bild auf der nächsten Seite):

1) In der Deklaration des Hauptfensters braucht man Zeiger auf `TFixWindowFarbe`.

```
THauptfenster = OBJECT(TMDIWindow)
  FixWindow: ARRAY[1..5] OF PFixWindowFarbe;
  CONSTRUCTOR Init;
  DESTRUCTOR Done; VIRTUAL;
  PROCEDURE WMSize(VAR Msg: TMessage); VIRTUAL wm_First+wm_Size;
END;
```

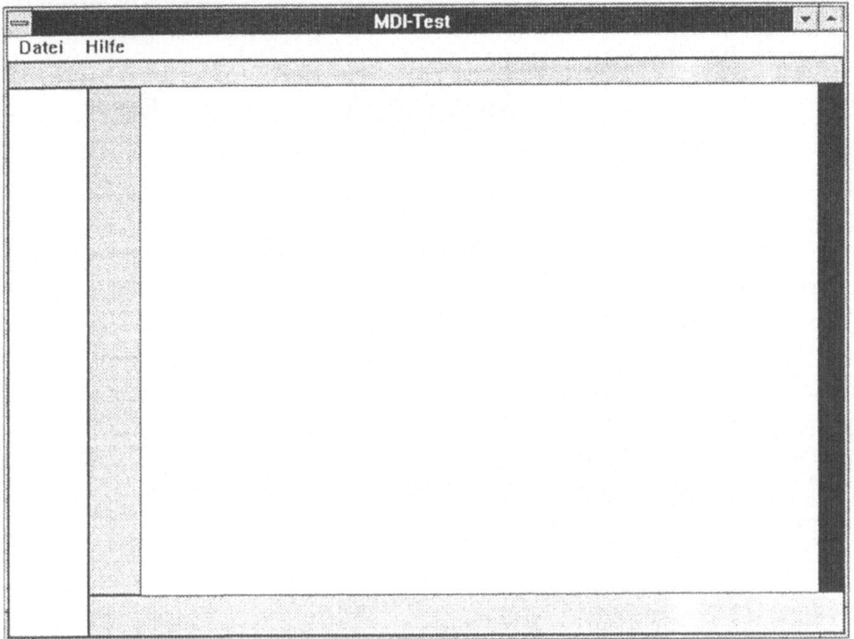

2) Die Erzeugung der Fenster im Konstruktor erfolgt durch den Befehl `New(PFixWindowFarbe,...)`; dort sind auch die Hintergrundfarben anzugeben:

```
CONSTRUCTOR THauptfenster.Init;
VAR
  i: INTEGER;
BEGIN
  INHERITED Init('MDI-Test',LoadMenu(HInstance,PChar(cmMenu)));
  FOR i:=Low(FixWindow) TO High(FixWindow) DO
    FixWindow[i] := New(PFixWindow,Init(@Self,TRUE));
  FixWindow[1]^.Abmessung := 20; {Höhe}
  FixWindow[2]^.Abmessung := 60; {Breite}
  FixWindow[3]^.Abmessung := 30; {Höhe}
  FixWindow[4]^.Abmessung := 40; {Breite}
  FixWindow[5]^.Abmessung := 20; {Breite}
  FixWindow[2]^.Hintergrundfarbe := $FFFFFF; {weiß}
  FixWindow[5]^.Hintergrundfarbe := 0;       {schwarz}
END;
```

Die Methoden `Done` und `WMSize` bleiben dieselben, also z.B.:

```
DESTRUCTOR THauptfenster.Done;
VAR
  i: INTEGER;
BEGIN
  FOR i:=Low(FixWindow) TO High(FixWindow) DO
    Dispose(FixWindow[i],Done);
  INHERITED Done;
END;
```

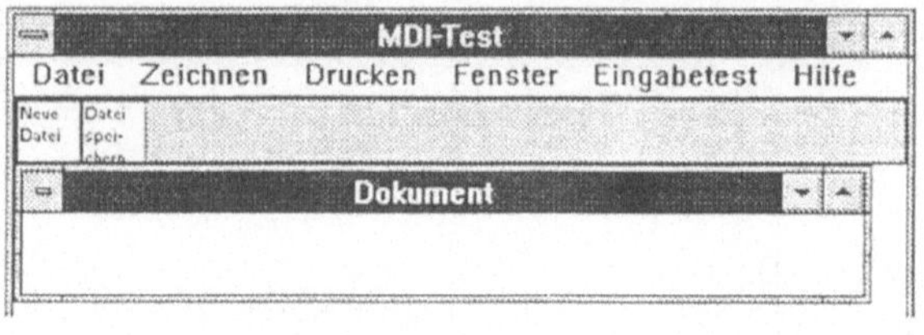

In MDI-Anwendungen hat man meist eine Reihe von Schaltern, die jeweils eine bestimmte Aktion auslösen und in der Regel zu einem **Toolbar** zusammengefaßt werden. Das folgende Rezept stellt zwei Objekte zur Verfügung, mit denen ein Toolbar in das Hauptfenster eingefügt werden kann. `ToolbarWnd` ist der eigentliche Toolbar; er verwaltet eine Collection von Objekten des Typs `ToolWnd`, welche die einzelnen Tools repräsentieren. Sobald die linke Maustaste innerhalb des Schalters gedrückt wird, wird die entsprechende Aktion ausgelöst.

```
PToolWnd =^TToolWnd;
TToolWnd = OBJECT(TWindow)
  Command         : INTEGER;
  MessageToActive: BOOLEAN;
  Caption         : PChar;
  CONSTRUCTOR Init(AParent: PWindowsObject; Comm: INTEGER;
    MessToAct: BOOLEAN; Text: PChar; XPos,Breite: INTEGER);
  DESTRUCTOR Done; VIRTUAL;
  PROCEDURE WMLButtonDown(VAR Msg: TMessage);
    VIRTUAL wm_First+wm_LButtonDown;
  PROCEDURE PaintPaintDC:HDC; VAR PaintInfo:TPaintStruct); VIRTUAL;
END;
```

```
  PToolbarWnd = ^TToolbarWnd;
  TToolbarWnd = OBJECT(TFixWindowFarbe) {Rezept S.2}
    XPos       : INTEGER;
    Tools      : PCollection;
    CONSTRUCTOR Init(AParent: PWindowsObject; Abmess: INTEGER);
    DESTRUCTOR Done; VIRTUAL;
    PROCEDURE InsertTool
      (Comm      : INTEGER;
       MessToAct: BOOLEAN;
       Text      : PChar);
  END;
```

```
CONSTRUCTOR TToolWnd.Init;
BEGIN
  INHERITED Init(AParent,'');
  WITH Attr DO BEGIN
    Style := Style OR ws_Child OR ws_Border;
    X := XPos; Y := 0; W := Breite; H := Breite;
  END;
  Command := Comm; MessageToActive := MessToAct;
  Caption := StrNew(Text);
END;

DESTRUCTOR TToolWnd.Done;
BEGIN
  StrDispose(Caption); INHERITED Done;
END;
```

```
PROCEDURE TToolWnd.WMLButtonDown(VAR Msg: TMessage);
BEGIN
 IF CursorInClient(HWindow,Msg) THEN
   PostMenuMessToMainOrAct(Parent^.Parent,MessageToActive,Command);
END; {Rezept S.4}

PROCEDURE TToolWnd.Paint;
VAR
  R: TRect;
BEGIN
  GetClientRect(HWindow,R);
  RectTextOut(PaintDC,R,10,Caption); {Rezept Z.5}
END;
```

```
CONSTRUCTOR TToolbarWnd.Init;
BEGIN
  INHERITED Init(AParent,TRUE);
  Abmessung := Abmess; XPos := 0;
  Tools := New(PCollection,Init(5,5));
END;

PROCEDURE TToolbarWnd.InsertTool;
BEGIN
  Tools^.Insert(New(PToolWnd,
    Init(@Self,Comm,MessToAct,Text,XPos,Abmessung)));
  Inc(XPos,Abmessung);
END;

DESTRUCTOR TToolbarWnd.Done;
BEGIN
  Dispose(Tools,Done); INHERITED Done;
END;
```

Die Anwendung dieses Rezepts (ein Beispiel ist im Bild auf der vorherigen Seite zu sehen) erfordert folgende Maßnahmen:

1) Einen Zeiger `Toolbar: PToolbarWnd` im Hauptfenster
2) Erzeugen des Toolbars und der Tools im Konstruktor des Hauptfensters; im Beispiel schickt das erste Tool die Botschaft `cm_MDIFileNew` an das Hauptfenster, das zweite Tool seine Botschaft an das aktive Dokumentfenster:
```
ToolBar := New(PToolbarWnd,Init(@Self,30));
ToolBar^.InsertTool(cm_MDIFileNew,FALSE,'Neue Datei');
ToolBar^.InsertTool(cm_FileSave,TRUE,'Datei spei- chern');
```
3) Entfernen des Toolbars im Destruktor des Hauptfensters:
```
Dispose(ToolBar,Done);
```
4) Fixieren des Toolbars mit der Methode `WMSize` des Hauptfensters:
```
INHERITED WMSize(Msg);
WITH Msg DO SetRect(R,0,0,lParamLo,lParamHi);
ToolBar^.SetOben(R);
WITH R DO
  MoveWindow(ClientWnd^.HWindow,
    left,top,right-left,bottom-top,TRUE);
```
5) Bereitstellen der angesprochenen Antwortmethoden im Haupt- bzw. Dokumentfenster

Das folgende Rezept sendet eine Windows-Botschaft vom Typ `wm_Command` an das Hauptfenster (`MessToAct = FALSE`) oder an das aktive Dokumentfenster (`MessToAct = TRUE`) einer MDI-Anwendung.

Die damit angesprochene Botschaftsantwortmethode muß im Hauptfenster bzw. im Dokumentfenster deklariert und durch `cm_First + Command` charakterisiert sein. Der Parameter `AParent` bezeichnet das Hauptfenster der MDI-Anwendung.

```
PROCEDURE PostMenuMessToMainOrAct
  (AParent  : PWindowsObject;
   MessToAct: BOOLEAN;
   Command  : INTEGER);
VAR
  L: LONGINT;
BEGIN
  IF MessToAct THEN BEGIN
    L := SendMessage
      (AParent^.GetClient^.HWindow,wm_MDIGetActive,0,0);
    IF L<>0 THEN
      PostMessage(LoWord(L),wm_Command,Command,0);
  END
  ELSE
    PostMessage(AParent^.HWindow,wm_Command,Command,0);
END;
```

`THauptfenster` sei das Hauptfenster einer MDI-Anwendung:

```
THauptfenster = OBJECT(TMDIWindow)
  ...
  PROCEDURE CMMDIFileNew(Msg: TMessage);
    VIRTUAL cm_First+cm_MDIFileNew;
END;
```

Wird mit

```
PostMenuMessToMainOrAct(AParent,FALSE,cm_MDIFileNew);
```

eine Botschaft an das Hauptfenster gesendet, so wird die Methode `CMMDIFileNew` aufgerufen. Ist andererseits `TDokumentfenster` die Deklaration der Dokumentfenster der Anwendung:

```
TDokumentfenster = OBJECT(TWindow)
  ...
  PROCEDURE CMFileSave(Msg: TMessage);
    VIRTUAL cm_First+cm_FileSave;
END;
```

so führt der Aufruf

```
PostMenuMessToMainOrAct(AParent,TRUE,cm_FileSave);
```

zur Ausführung der Methode `CMFileSave` des *aktiven* Dokumentfensters.

In beiden Fällen ist `AParent` ein Zeiger auf das *Hauptfenster* der MDI-Anwendung.

Konkrete Beispiele sind bei den Toolbox-Rezepten (S.3, S.5) zu finden.

Mit entsprechendem Aufwand läßt sich die Bedienung des Toolbars komfortabler gestalten. Beim folgenden Rezept wird die Aktion erst ausgelöst, wenn man die linke Maustaste im selben Tool losläßt, in dem man sie gedrückt hat. Programmtechnisch geschieht das durch Übergabe des Mausfangs an das angeklickte Tool:

```
  PToolWindow =^TToolWindow;
  TToolWindow = OBJECT(TToolWnd) {Rezept S.3}
    PROCEDURE WMLButtonDown(VAR Msg: TMessage);
      VIRTUAL wm_First+wm_LButtonDown;
    PROCEDURE WMLButtonUp(VAR Msg: TMessage);
      VIRTUAL wm_First+wm_LButtonUp;
  END;
```

```
  PToolbarWindow =^TToolbarWindow;
  TToolbarWindow = OBJECT(TToolbarWnd) {Rezept S.3}
    Aktiv: PToolWindow;
    CONSTRUCTOR Init(AParent: PWindowsObject; Abmess: INTEGER);
    PROCEDURE InsertTool
      (Comm      : INTEGER;
       MessToAct: BOOLEAN;
       Text      : PChar);
  END;
```

```
PROCEDURE TToolWindow.WMLButtonDown(VAR Msg: TMessage);
BEGIN
  SetCapture(HWindow);
  PToolbarWindow(Parent)^.Aktiv := @Self;
END;

PROCEDURE TToolWindow.WMLButtonUp(VAR Msg: TMessage);
BEGIN
 ReleaseCapture;
 IF PToolbarWindow(Parent)^.Aktiv=@Self THEN
  IF CursorInClient(HWindow,Msg) THEN {Rezept Z.3}
   PostMenuMessToMainOrAct(Parent^.Parent,MessageToActive,Command);
 PToolbarWindow(Parent)^.Aktiv := NIL;
END;
```

```
CONSTRUCTOR TToolbarWindow.Init;
BEGIN
  INHERITED Init(AParent,Abmess);
  Aktiv := NIL;
END;

PROCEDURE TToolbarWindow.InsertTool;
BEGIN
  Tools^.Insert(New(PToolWindow,
    Init(@Self,Comm,MessToAct,Text,XPos,Abmessung)));
  Inc(XPos,Abmessung);
END;
```

Die Anwendung geschieht wie im vorherigen Rezept, jedoch mit den beiden folgenden Änderungen:

1) `Toolbar: PToolbarWindow`
2) `Toolbar := New(PToolbarWindow,Init...`

Das folgende Rezept ist eine Erweiterung des vorhergehenden: drückt man die linke Maustaste, so wird eine Meldung in der Statuszeile angezeigt, und zwar so lange, bis die Taste wieder losgelassen wird:

```
  PToolStatus =^TToolStatus;
  TToolStatus = OBJECT(TToolWindow) {Rezept S.5}
    Meldung: PChar;
    CONSTRUCTOR Init
      (AParent   : PWindowsObject;
       Comm      : INTEGER;
       MessToAct: BOOLEAN;
       Text      : PChar;
       Meldg     : PChar;
       XPos      : INTEGER;
       Breite    : INTEGER);
    DESTRUCTOR Done; VIRTUAL;
    PROCEDURE WMLButtonDown(VAR Msg: TMessage);
      VIRTUAL wm_First+wm_LButtonDown;
    PROCEDURE WMLButtonUp(VAR Msg: TMessage);
      VIRTUAL wm_First+wm_LButtonUp;
  END;
```

```
  PToolbarStatus =^TToolbarStatus;
  TToolbarStatus = OBJECT(TToolbarWindow) {Rezept S.5}
    Statuszeile: PStatusWindow; {Rezept S.7}
    CONSTRUCTOR Init
      (AParent: PWindowsObject;
       StatusW: PStatusWindow;
       Abmess : INTEGER);
    PROCEDURE InsertTool
      (Comm      : INTEGER;
       MessToAct: BOOLEAN;
       Text      : PChar;
       Meldg     : PChar);
  END;
```

```
CONSTRUCTOR TToolStatus.Init;
BEGIN
  INHERITED Init(AParent,Comm,MessToAct,Text,XPos,Breite);
  Meldung := StrNew(Meldg);
END;

DESTRUCTOR TToolStatus.Done;
BEGIN
  StrDispose(Meldung); INHERITED Done;
END;

PROCEDURE TToolStatus.WMLButtonDown(VAR Msg: TMessage);
BEGIN
  INHERITED WMLButtonDown(Msg);
  PToolbarStatus(Parent)^.Statuszeile^.Melde(Meldung);
END;

PROCEDURE TToolStatus.WMLButtonUp(VAR Msg: TMessage);
BEGIN
  INHERITED WMLButtonUp(Msg);
  PToolbarStatus(Parent)^.Statuszeile^.Melde('');
END;
```

```
CONSTRUCTOR TToolbarStatus.Init
  (AParent: PWindowsObject;
   StatusW: PStatusWindow;
   Abmess : INTEGER);
BEGIN
  INHERITED Init(AParent,Abmess);
  Statuszeile := StatusW;
END;

PROCEDURE TToolbarStatus.InsertTool
  (Comm     : INTEGER;
   MessToAct: BOOLEAN;
   Text     : PChar;
   Meldg    : PChar);
BEGIN
  Tools^.Insert(New(PToolStatus,
    Init(@Self,Comm,MessToAct,Text,Meldg,XPos,Abmessung)));
  Inc(XPos,Abmessung);
END;
```

Dieses Rezept erfordert eine Statuszeile, die vom Hauptfenster erzeugt und deren Adresse an den Toolbar übergeben werden muß. Im einzelnen sind folgende Maßnahmen notwendig (vgl. dazu das Rezept S.3 (einfacher Toolbar); das dortige Bild gilt auch für das vorliegende Rezept):

1) Zeiger für Statuszeile und Toolbar im Hauptfenster:

```
StatusLine: PStatusWindow; {Rezept S.7}
ToolBar   : PToolbarStatus;
```

2) Erzeugen der Statuszeile, des Toolbars und der Tools im Konstruktor des Hauptfensters:

```
StatusLine := New(PStatusWindow,Init(@Self));
ToolBar := New(PToolbarStatus,Init(@Self,StatusLine,30));
ToolBar^.InsertTool(cm_MDIFileNew,FALSE,'Neue Datei',
   'Eine neue Datei wird angelegt');
ToolBar^.InsertTool(cm_FileSave,TRUE,'Datei spei- chern',
   'Die Datei im aktiven Dokument wird gespeichert');
```

Das erste Tool trägt die Beschriftung „Neue Datei"; klickt man es an, so erscheint die Meldung „Eine neue Datei wird angelegt" in der Statuszeile. Analoges gilt für das zweite Tool.

3) Entfernen der Statuszeile und des Toolbars im Destruktor des Hauptfensters:

```
Dispose(StatusLine,Done);
Dispose(ToolBar,Done);
INHERITED Done;
```

4) Fixieren von Statuszeile und Toolbar mit der Methode `WMSize` des Hauptfensters:

```
INHERITED WMSize(Msg);
WITH Msg DO SetRect(R,0,0,lParamLo,lParamHi);
StatusLine^.SetUnten(R);
ToolBar^.SetOben(R);
WITH R DO
  MoveWindow(ClientWnd^.HWindow,
    left,top,right-left,bottom-top,TRUE);
```

5) Bereitstellen der angesprochenen Antwortmethoden im Haupt- bzw. Dokumentfenster

Das folgende Rezept erzeugt eine einfache Statuszeile in einer MDI-Anwendung; mit der Methode `Melde` wird Text in dieser Zeile angezeigt:

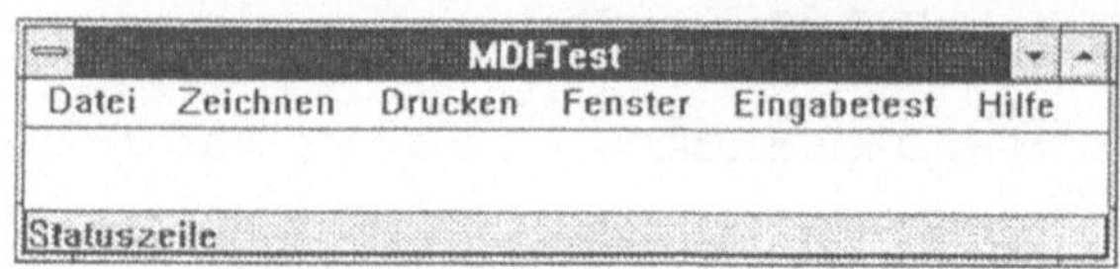


```
PStatusWindow = ^TStatusWindow;
TStatusWindow = OBJECT(TFixWindowFarbe) {Rezept S.2}
  StatusText: ARRAY[0..High(BYTE)] OF CHAR;
  CONSTRUCTOR Init(AParent: PWindowsObject);
  PROCEDURE Paint(PaintDC:HDC;VAR PaintInfo:TPaintStruct); VIRTUAL;
  PROCEDURE Melde(Meldung: PChar);
END;
```

```
CONSTRUCTOR TStatusWindow.Init(AParent: PWindowsObject);
VAR
  Metric: TTextMetric; DC: HDC;
BEGIN
  INHERITED Init(AParent,TRUE);
  DC := GetDC(HWindow);
  GetTextMetrics(DC,Metric);
  ReleaseDC(HWindow,DC);
  Abmessung := Metric.tmHeight;
  StrCopy(StatusText,'');
END;

PROCEDURE TStatusWindow.Paint;
BEGIN
  INHERITED Paint(PaintDC,PaintInfo);
  TextOut(PaintDC,0,0,StatusText,StrLen(StatusText));
END;

PROCEDURE TStatusWindow.Melde(Meldung: PChar);
BEGIN
  StrLCopy(StatusText,Meldung,Sizeof(StatusText)-1);
  InvalidateRect(HWindow,NIL,TRUE);
END;
```

Die Anwendung dieses Rezepts (ein Beispiel ist oben auf dieser Seite zu sehen) erfordert im Prinzip dieselben Maßnahmen wie bei den vorhergehenden Rezepten:

1) Einen Zeiger `StatusLine:` **`PStatusWindow`** im Hauptfenster
2) Erzeugen der Statuszeile im Konstruktor und Entfernen im Destruktor:
   ```
   StatusLine := New(PStatusWindow,Init(@Self));
   ```
3) Fixieren der Statuszeile mit der Methode `WMSize` des Hauptfensters:
   ```
   INHERITED WMSize(Msg);
   WITH Msg DO SetRect(R,0,0,lParamLo,lParamHi);
   StatusLine^.SetUnten(R);
   WITH R DO MoveWindow(ClientWnd^.HWindow,
     left,top,right-left,bottom-top,TRUE);
   ```
4) Bei Bedarf wird mit folgendem Befehl Text in der Statuszeile angezeigt:
   ```
   StatusLine^.Melde('...');
   ```

T Tastatur unter Windows

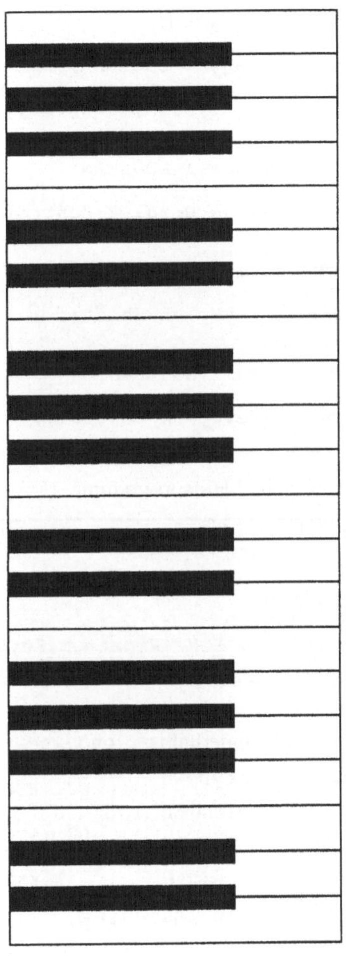

Programme, die mit der Tastatur arbeiten, müssen erkennen, ob die Umschalt- oder die Strg-Taste gedrückt bzw. losgelassen wurde. Die vier folgenden Rezepte analysieren die Botschaft `Msg`. `KeySDown` und `KeyCDown` geben `TRUE` zurück, wenn `Msg` das *erstmalige* Drücken der Umschalt- bzw. Strg-Taste signalisiert. `KeySUp` und `KeyCUp` geben `TRUE` zurück, wenn die betreffende Taste losgelassen wurde.

```
FUNCTION KeySDown(Msg: TMessage): BOOLEAN;
BEGIN
  KeySDown := TestKey(Msg,wm_KeyDown,vk_Shift);
END;

FUNCTION KeyCDown(Msg: TMessage): BOOLEAN;
BEGIN
  KeyCDown := TestKey(Msg,wm_KeyDown,vk_Control);
END;

FUNCTION KeySUp(Msg: TMessage): BOOLEAN;
BEGIN
  KeySUp := TestKey(Msg,wm_KeyUp,vk_Shift);
END;

FUNCTION KeyCUp(Msg: TMessage): BOOLEAN;
BEGIN
  KeyCUp := TestKey(Msg,wm_KeyUp,vk_Control);
END;
```

Diese Rezepte benötigen das folgende Hilfsprogramm:

```
FUNCTION TestKey(Msg: TMessage; Richt: WORD; Art: WORD): BOOLEAN;
BEGIN
  TestKey :=
    (Msg.Message=Richt) AND
    (Msg.wParam=Art)    AND
    (BitTest(Msg.lParamHi,14) XOR (Richt=wm_KeyDown)); {Rezept A.4}
END;
```

Diese Rezepte sind innerhalb der Methoden `WMKeyDown` bzw. `WMKeyUp` anzuwenden. Das nebenstehende Beispiel schreibt den Buchstaben „A" in das Fenster, wenn die Umschalt-Taste gedrückt wird. Die weiteren `wm_KeyDown`-Botschaften, die erzeugt werden, wenn man die Taste längere Zeit gedrückt hält, werden ignoriert.

```
PROCEDURE TFenster.WMKeyDown;
VAR
  DC: HDC;
BEGIN
  DC := GetDC(HWindow);
  IF KeySDown(Msg) THEN
    TextOut(DC,0,0,'A',1);
  ReleaseDC(HWindow,DC);
END;
```

Wenn die Rezepte auf *alle* `wm_KeyDown`-Botschaften reagieren sollen, ist in `TestKey` der Teil

```
AND (BitTest(Msg.lParamHi,14) XOR (Richt=wm_KeyDown))
```

wegzulassen.

Die folgenden Rezepte untersuchen eine `wm_KeyDown`- oder `wm_KeyUp`-Botschaft, ob die linke oder die rechte Strg-Taste gedrückt oder losgelassen wurde:

```
FUNCTION KeyCDownL(Msg: TMessage): BOOLEAN;
BEGIN
  KeyCDownL := TestKeyL(Msg,wm_KeyDown,vk_Control,TRUE);
END;

FUNCTION KeyCDownR(Msg: TMessage): BOOLEAN;
BEGIN
  KeyCDownR := TestKeyL(Msg,wm_KeyDown,vk_Control,FALSE);
END;

FUNCTION KeyCUpL(Msg: TMessage): BOOLEAN;
BEGIN
  KeyCUpL := TestKeyL(Msg,wm_KeyUp,vk_Control,TRUE);
END;

FUNCTION KeyCUpR(Msg: TMessage): BOOLEAN;
BEGIN
  KeyCUpR := TestKeyL(Msg,wm_KeyUp,vk_Control,FALSE);
END;
```

Diese Rezepte benötigen das folgende Hilfsprogramm:

```
FUNCTION TestKeyL
  (Msg   : TMessage;
   Richt: WORD;
   Art   : WORD;
   Links: BOOLEAN): BOOLEAN;
BEGIN
  TestKeyL :=
    TestKey(Msg,Richt,Art) AND
    (BitTest(Msg.lParamHi,8) XOR Links); {Rezept A.4}
END;
```

Diese Rezepte sind genauso anzuwenden wie die Rezepte der vorherigen Seite. Das Programm

```
PROCEDURE TFenster.WMKeyUp(VAR Msg: TMessage);
VAR
  DC: HDC;
BEGIN
  DC := GetDC(HWindow);
  IF KeyCUpR(Msg) THEN
    TextOut(DC,30,0,'B',1);
  ReleaseDC(HWindow,DC);
END;
```

schreibt den Buchstaben „B“ in das Fenster, wenn die *rechte* Strg-Taste *losgelassen* wird.

Häufig muß ein Programm erkennen, ob gerade die Umschalt- oder die Strg-Taste (oder beide oder keine von ihnen) gedrückt ist. Das folgende Rezept gibt einen Wert zurück, der den Zustand dieser Tasten beschreibt:

```
CONST
  kd_Keiner  = 0; {Weder Umschalt- noch Strg-Taste gedrückt}
  kd_Shift   = 1; {Umschalt-Taste gedrückt, Strg-Taste nicht gedr.}
  kd_Control = 2; {Strg-Taste gedrückt, Umschalt-Taste nicht gedr.}
  kd_Beide   = 3; {Umschalt- und Strg-Taste zugleich gedrückt}
```

```
FUNCTION GetDownKeys: BYTE;
BEGIN
  GetDownKeys := kd_Keiner;
  IF BitTest(GetKeyState(vk_Shift),15) THEN {Rezept A.4}
    IF BitTest(GetKeyState(vk_Control),15) THEN
      GetDownKeys := kd_Beide
    ELSE
      GetDownKeys := kd_Shift
  ELSE IF BitTest(GetKeyState(vk_Control),15) THEN
    GetDownKeys := kd_Control;
END;
```

Das Rezept ist für die Verwendung in der `WMKeyDown`- und der `WMKeyUp`-Methode eines Fensters vorgesehen. Das folgende Beispiel reagiert auf das Drücken einer Buchstabentaste mit der Anzeige eines Zeichens. Die nebenstehende Tabelle gibt das Ergebnis für die Taste „A" an.

Tastenkombination	Anzeige
A	a
Umschalt+A	A
Strg+A	1
Umschalt+Strg+A	B

```
PROCEDURE TFenster.WMKeyDown(VAR Msg: TMessage);
VAR
  DC: HDC;
  A : CHAR;
  X : INTEGER;
BEGIN
  X := Msg.wParam;
  IF NOT (X IN [Ord('A')..Ord('Z')]) THEN Exit;
  CASE GetDownKeys OF
    kd_Keiner : Inc(X,$20);
    kd_Shift  : ;
    kd_Control: Dec(X,$10);
    kd_Beide  : Inc(X);
  END; {CASE}
  A := CHAR(X);
  DC := GetDC(HWindow);
  TextOut(DC,0,0,'    ',4);
  TextOut(DC,0,0,@A,1);
  ReleaseDC(HWindow,DC);
END;
```

Das folgende Rezept stellt fest, ob eine Buchstaben- oder Zifferntaste gerade gedrückt ist. Wenn das der Fall ist, wird der ASCII-Code dieser Taste (0...9, A...Z) zurückgegeben, andernfalls #0.

```
FUNCTION GetKeyDown: CHAR;
VAR
  i: BYTE;
BEGIN
  GetKeyDown := #0;
  FOR i:= BYTE('0') TO BYTE('9') DO
    IF BitTest(GetKeyState(i),15) THEN {Rezept A.4}
      GetKeyDown := CHAR(i);
  FOR i:= BYTE('A') TO BYTE('Z') DO
    IF BitTest(GetKeyState(i),15) THEN
      GetKeyDown := CHAR(i);
END;
```

Mit diesem Rezept kann jederzeit der Zustand der Tastatur abgefragt werden – auch wenn keine Tastaturbotschaft verfügbar ist, also außerhalb einer `WMKeyDown`- oder `WMKeyUp`-Methode. Das folgende Demonstrationsprogramm zeigt, wie durch das Drücken der linken Maustaste je nach der gerade niedergehaltenen Zifferntaste unterschiedliche Aktionen ausgelöst werden können. Hier wird eine Folge von „#"-Zeichen auf den Bildschirm geschrieben, deren Anzahl durch die niedergehaltene Zifferntaste bestimmt ist:

```
PROCEDURE TFenster.WMLButtonDown(VAR Msg: TMessage);
VAR
  DC: HDC;
  C : CHAR;
BEGIN
  C := GetKeyDown;
  IF (C IN ['0'..'9']) THEN BEGIN
    DC := GetDC(HWindow);
    TextOut(DC,Msg.lParamLo,Msg.lParamHi,'#########',
      BYTE(C)-BYTE('0'));
    ReleaseDC(HWindow,DC);
  END; {IF}
END;
```

Nur dann, wenn eine Zifferntaste niedergehalten ist, wird auf den Schirm geschrieben, und zwar an die angeklickte Stelle. Der Ausdruck

```
BYTE(C)-BYTE('0')
```

im Befehl `TextOut` gibt an, wie viele Zeichen geschrieben werden.

Das Rezept kann nicht erkennen, ob mehrere Tasten gleichzeitig gedrückt sind.

Eine Botschaftsantwortmethode der Gestalt

```
PROCEDURE WMKeyDown(VAR Msg: TMessage);
  VIRTUAL wm_First+wm_KeyDown;
```

reagiert auf Tastenbetätigungen. Einige Tasten werden allerdings von WINDOWS abgefangen. Ein Beispiel dafür ist die Taste F10, welche das Menü aktiviert. Will man sie anderweitig einsetzen, so kann man die Botschaft `wm_SysKeyDown` auswerten, indem man die folgende Antwortmethode einführt. Dadurch reagiert `WMKeyDown` auch auf F10:

```
  TFenster = OBJECT(TWindow)
    ...
    PROCEDURE WMSysKeyDown(VAR Msg: TMessage);
      VIRTUAL wm_First+wm_SysKeyDown;
  END;
```

```
PROCEDURE TFenster.WMSysKeyDown(VAR Msg: TMessage);
BEGIN
  CASE Msg.wParam OF
    vk_F10:
      PostMessage(HWindow,wm_KeyDown,Msg.wParam,Msg.lParam);
    ELSE DefWndProc(Msg);
  END; {CASE}
END;
```

Der Aufruf von `DefWndProc` ist notwendig, damit andere Aktionen wie etwa das Schließen des Fensters mit `Strg+F4` ordnungsgemäß ablaufen.

Das folgende Beispiel reagiert auf die Funktionstasten F1...F12 mit einer entsprechenden Meldung (für F10 s. das nebenstehende Bild):

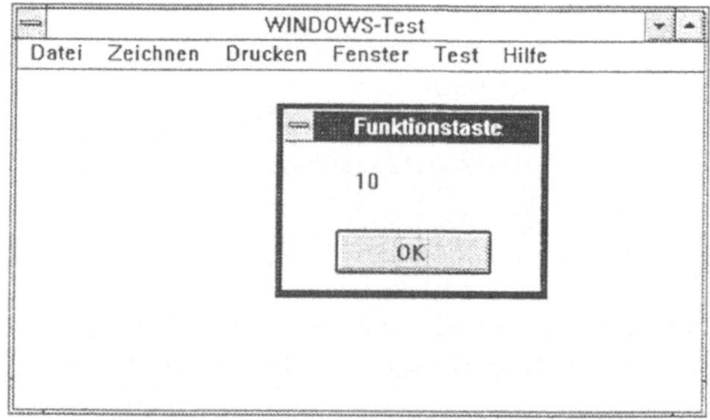


```
PROCEDURE TFenster.WMKeyDown(VAR Msg: TMessage);
BEGIN
  CASE Msg.wParam OF
    vk_F1..vk_F12:
      MessageBoxString(HWindow,LongToStr(Msg.wParam-vk_F1+1,9),
        'Funktionstaste',mb_OK); {Rezept E.8}
  END; {CASE}
END;
```

V VISION

Datei
Tests
Fenster
Widerrufen
Ausschneiden Umschalt+Entf
Kopieren Strg+Einfg
Einfügen Umschalt+Einfg
Löschen Strg+Entf
Zwischenablage anzeigen
Alt-X Exit

Datei Bearbeiten Tests Fenster
Desktop
Fenster
Dialogfenster
Color
Text Text Text
Text Text Text
OK
Cancel
Alt-X Exit

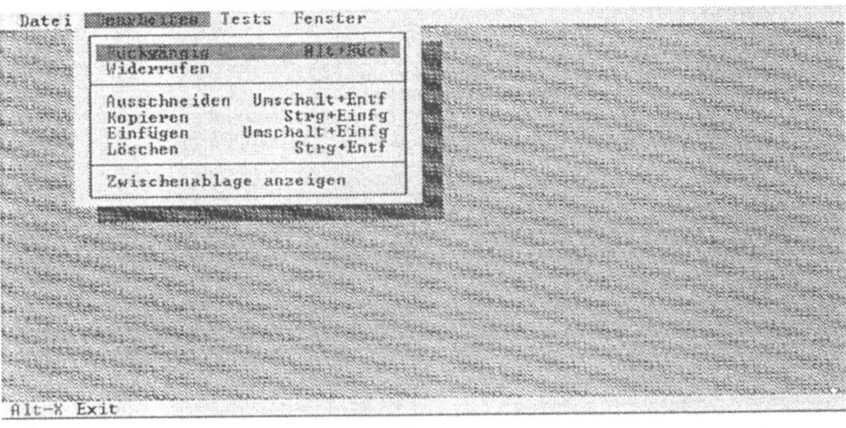

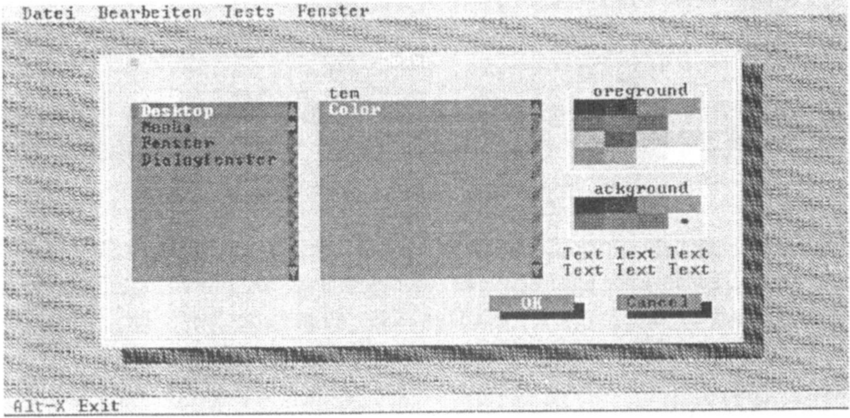

Das Objekt `TColorDialog` stellt ein Dialogfenster bereit, mit dem der Anwender die Bildschirmfarben ändern kann. Der Aufruf ist etwas aufwendig; das folgende Rezept erleichtert diese Aufgabe:

```
PROCEDURE FarbenDialog;
VAR
  D: PColorDialog;
BEGIN
  D := New(PColorDialog,Init('',
    ColorGroup('Desktop',DesktopColorItems(NIL),
    ColorGroup('Menüs',MenuColorItems(NIL),
    ColorGroup('Fenster',WindowColorItems(wpBlueWindow,NIL),
    ColorGroup('Dialogfenster',DialogColorItems(dpGrayDialog,NIL),
    NIL))))));
  IF Application^.ExecuteDialog
    (D,Application^.GetPalette)<>cmCancel
  THEN BEGIN
    DoneMemory;
    Application^.ReDraw;
  END; {IF}
END;
```

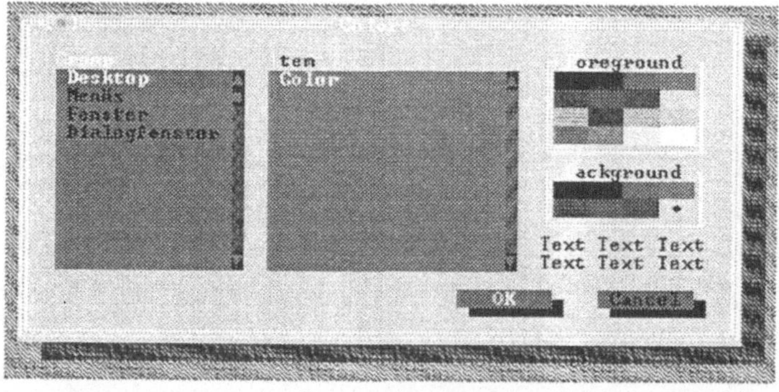

Dieses Rezept ergibt ein Dialogfenster wie im nebenstehenden Bild und kann beispielsweise durch einen Menüpunkt aufgerufen werden. Dazu braucht man einen benutzerdefinierten Befehl (im folgenden Beispiel `cmFarben`), der im Menü des Anwendungsprogramms eingetragen und in der Methode `HandleEvent` ausgewertet wird. Ist `TApp` das Anwendungsobjekt, so könnte diese Methode wie folgt lauten:

```
CONST
  cmFarben = 1000;

PROCEDURE TApp.HandleEvent(VAR Event: TEvent);
BEGIN
  ...
  TApplication.HandleEvent(Event);
  CASE Event.Command OF
    cmFarben: FarbenDialog;
    ...
  END; {CASE}
  ClearEvent(Event);
END;
```

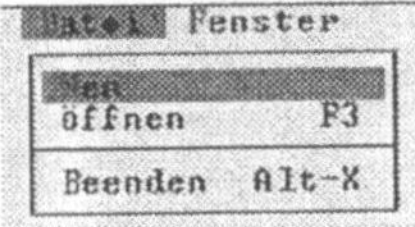

Die Initialisierung des Menüs in Turbo Vision ist außerordentlich unübersichtlich. Besonders fehleranfällig ist das Hinzufügen und Entfernen von Untermenüs und Menüpunkten, da man an den richtigen Stellen Klammern und `NIL`-Zeiger hinzufügen bzw. entfernen muß. Der Einsatz von Standardmenü-Funktionen wie `StdFileMenuItems` (Programmierhandbuch S. 22f) bringt nur eine unwesentliche Verbesserung. Definiert man jedoch für jedes Untermenü eine eigene Zeigerfunktion, so wird die Menüverwaltung ganz einfach. Das folgende Beispiel (vgl. das Bild oben) zeigt das Prinzip:

```
PROCEDURE TApp.InitMenuBar;

  FUNCTION SubMenuDatei: PMenuItem;
  BEGIN
    SubMenuDatei :=
      NewItem('~N~eu','',kbNoKey,cmNew,hcNew,
      NewItem('Ö~f~fnen','F3',kbF3,cmOpen,hcOpen,
      NewLine(
      NewItem('~B~eenden','Alt-X',kbAltX,cmQuit,hcExit,
      NIL))));
  END;

  FUNCTION SubMenuFenster: PMenuItem;
  BEGIN
    SubMenuFenster :=
      NewItem('~N~ebeneinander','',kbNoKey,cmTile,hcTile,
      NewLine(
      NewItem('Nä~c~hstes','F6',kbF6,cmNext,hcNoContext,
      NIL)));
  END;

VAR
  R: TRect;
BEGIN
  GetExtent(R);
  R.B.Y := R.A.Y+1;
  MenuBar := New(PMenuBar,Init(R,NewMenu(
    NewSubMenu('~D~atei',hcNoContext,NewMenu(SubMenuDatei),
    NewSubMenu('~F~enster',hcNoContext,NewMenu(SubMenuFenster),
    NIL))
  )));
END;
```

Um ein Untermenü oder einen Menüpunkt zu entfernen, löscht man einfach die betreffende Zeile und entfernt eine schließende Klammer hinter dem `NIL`; zum Einfügen verfährt man umgekehrt. Wenn man einen Menüpunkt hinzufügt, muß man natürlich eine zusätzliche Funktion für die Menüpunkte definieren. Das Zählen der Klammern und `NIL`-Zeiger beschränkt sich jetzt darauf, daß die Anzahl der schließenden Klammern hinter dem `NIL` gleich der Anzahl der Menüpunkte bzw. Untermenüs sein muß (z.B. hat `SubMenuDatei` vier Menüpunkte und daher vier schließende Klammern).

Turbo Vision stellt mit `StdFileMenuItems` eine Standardversion für das Datei-Untermenü zur Verfügung. Diese ist allerdings englisch; eine deutsche Fassung erhält man mit folgendem Rezept:

```
FUNCTION StdMenuDatei(Next: PMenuItem): PMenuItem;
BEGIN
  StdMenuDatei :=
    NewItem('~N~eu','',kbNoKey,cmNew,hcNew,
    NewItem('Ö~f~fnen','F3',kbF3,cmOpen,hcOpen,
    NewItem('~S~peichern','F2',kbF2,cmSave,hcSave,
    NewItem('Speichern ~u~nter...','',kbNoKey,cmSaveAs,hcSaveAs,
    NewItem('~A~lles speichern','',kbNoKey,cmSaveAll,hcSaveAll,
    NewLine(
    NewItem('~V~erzeichnis wechseln...','',kbNoKey,cmChangeDir,
      hcChangeDir,
    NewItem('D~O~S aufrufen','',kbNoKey,cmDosShell,hcDosShell,
    NewItem('~B~eenden','Alt+X',kbAltX,cmQuit,hcExit,
    Next)))))))));
END;
```

Die Anwendung kann wie im vorherigen Rezept erfolgen. Will man das Datei-Untermenü unverändert einsetzen, so lautet die Funktion `SubMenuDatei` einfach wie folgt:

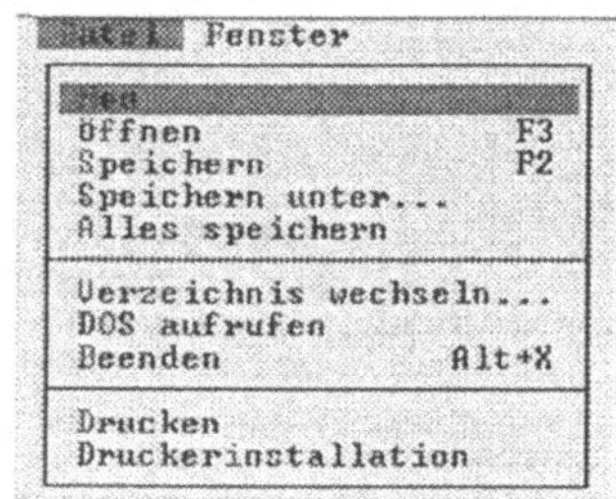


```
FUNCTION SubMenuDatei: PMenuItem;
BEGIN
  SubMenuDatei := StdMenuDatei(NIL);
END;
```

Das Hinzufügen weiterer Menüpunkte an das Ende des Untermenüs ist auch nicht schwierig:

```
FUNCTION SubMenuDatei: PMenuItem;
BEGIN
  SubMenuDatei := StdMenuDatei(
    NewLine(
    NewItem('~D~rucken','',kbNoKey,cmDruck,hcNoContext,
    NewItem('Drucker~i~nstallation','',kbNoKey,cmDruckInst,
      hcNoContext,
    NIL)))
  );
END;
```

Auch hier ist wie im vorherigen Rezept lediglich darauf zu achten, daß die Anzahl der schließenden Klammern hinter dem `NIL` gleich der Anzahl der Menüpunkte ist.

Das Ergebnis ist im obigen Bild zu sehen.

Auch *vor* das Standardmenü können Menüpunkte gesetzt werden; im nächsten Rezept ist beschrieben, wie das geht.

Im vorigen Rezept wurde eine deutsche Fassung des Datei-Standardmenüs vorgestellt. Die beiden Rezepte auf dieser Seite leisten dasselbe für das Bearbeiten- und das Fenster-Menü:

```
FUNCTION StdMenuBearbeiten(Next: PMenuItem): PMenuItem;
BEGIN
  StdMenuBearbeiten :=
    NewItem('~A~usschneiden','Umschalt+Entf',kbShiftDel,cmCut,
      hcCut,
    NewItem('~K~opieren','Strg+Einfg',kbCtrlIns,cmCopy,hcCopy,
    NewItem('~E~infügen','Umschalt+Einfg',kbShiftIns,cmPaste,
      hcPaste,
    NewItem('~L~öschen','Strg+Entf',kbCtrlDel,cmClear,hcClear,
    Next))));
END;
```

```
FUNCTION StdMenuFenster(Next: PMenuItem): PMenuItem;
BEGIN
  StdMenuFenster :=
    NewItem('~N~ebeneinander','',kbNoKey,cmTile,hcTile,
    NewItem('Ü~b~erlappend','',kbNoKey,cmCascade,hcCascade,
    NewItem('~A~lle schließen','',kbNoKey,cmCloseAll,hcCloseAll,
    NewLine(
    NewItem('~G~röße/Position','Strg+F5',kbCtrlF5,cmResize,
      hcResize,
    NewItem('~V~ergrößern','F5',kbF5,cmZoom,hcZoom,
    NewItem('Nä~c~hstes','F6',kbF6,cmNext,hcNext,
    NewItem('V~o~rheriges','Umschalt+F6',kbShiftF6,cmPrev,hcPrev,
    NewItem('~S~chließen...','Alt+F3',kbAltF3,cmClose,hcClose,
    Next)))))))));
END;
```

Diese beiden Rezepte sind genauso zu verwenden wie das vorige. Am folgenden Beispiel (s. nebenstehendes Bild) ist zu sehen, wie man vor und nach dem Standardmenü weitere Menüpunkte einfügen kann; `SubMenuBearbeiten` ist ein Teil von `InitMenuBar`:

```
Fenster
Widerrufen
Ausschneiden    Umschalt+Entf
Kopieren           Strg+Einfg
Einfügen       Umschalt+Einfg
Löschen             Strg+Entf
Zwischenablage anzeigen
```

```
FUNCTION SubMenuBearbeiten: PMenuItem;
BEGIN
  SubMenuBearbeiten :=
    NewItem('~R~ückgängig','Alt+Rück',kbAltBack,cmUndo,hcUndo,
    NewItem('~W~iderrufen','',kbNoKey,cmWiderrufen,hcNoContext,
    NewLine(
    StdMenuBearbeiten(
    NewLine(
    NewItem('~Z~wischenablage anzeigen','',kbNoKey,cmClipboard,
      hcNoContext,
    NIL)) {Klammern für nachgestellte Menüpunkte}
    )
  ))); {Klammern für vorangestellte Menüpunkte}
END;
```

Wenn ein Programm mit längeren Arbeiten (etwa umfangreichen Berechnungen) beschäftigt ist, sollte man zur Information des Anwenders eine Meldung „Bitte warten" anzeigen, die erst dann vom Bildschirm verschwindet, wenn wieder Eingaben entgegengenommen werden können. Das folgende Rezept erledigt diese Aufgabe:

```
FUNCTION Wartemeldung(Text: STRING): PWindow;
VAR
  Window: PWindow;
  R     : TRect;
BEGIN
  R.Assign(0,0,50,15);
  Window := New(PWindow,Init(R,'Bitte warten',wnNoNumber));
  IF Window=NIL THEN Exit;
  WITH Window^ DO BEGIN
    R.Assign(2,1,R.B.X-R.A.X-4,R.B.Y-R.A.Y-2);
    Insert(New(PStaticText,Init(R,Text)));
    Flags := Flags AND NOT (wfClose OR wfZoom);
    Palette := wpGrayWindow;
    Options := Options OR ofCentered;
  END; {WITH}
  Application^.InsertWindow(Window);
  Wartemeldung := Window;
END;
```

Die Anwendung muß die Adresse des Fensters speichern, um es wieder entfernen zu können. Die folgende Prozedur zeigt eine Wartemeldung an (s. untenstehendes Bild), wartet einige Sekunden und entfernt die Meldung anschließend wieder vom Bildschirm:

```
PROCEDURE Wartemeldung_anzeigen;
VAR Fenster: PWindow;
BEGIN
  Fenster := Wartemeldung('Warteschleife');
  Delay(2000);
  Dispose(Fenster,Done);
END;
```

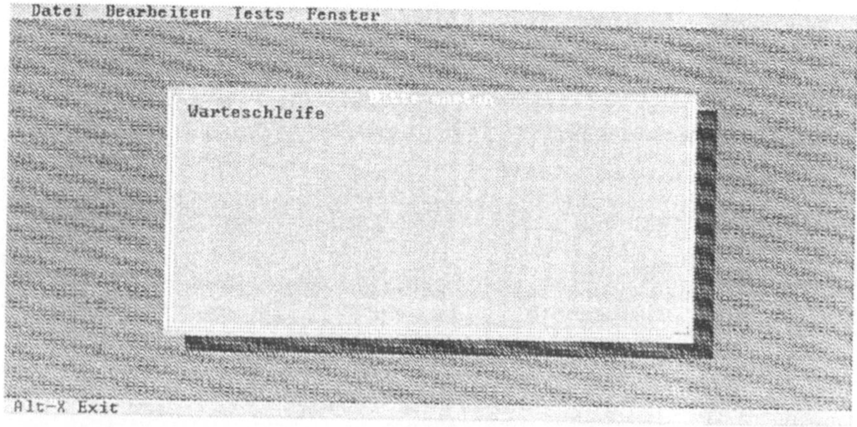

Turbo-Vision bietet die beiden Funktionen `MessageBox` und `MessageBoxRect` zur Anzeige von Meldungen an. Allerdings können die Überschriften der Meldungsfenster nicht beliebig gewählt werden und sind zudem englisch. Das folgende Rezept bietet ein Meldungsfenster mit beliebiger Überschrift an, wobei jedoch nur ein „OK"-Schalter zur Verfügung steht:

```
PROCEDURE Meldung(Ueberschrift,Text: TTitleStr);
VAR
  D: PDialog;
  R: TRect;
BEGIN
  R.Assign(0,0,50,15);
  D := New(PDialog,Init(R,Ueberschrift));
  WITH D^ DO BEGIN
    R.Assign(2,1,R.B.X-R.A.X-4,R.B.Y-R.A.Y-2);
    Insert(New(PStaticText,Init(R,Text)));
    R.Assign(20,12,30,14);
    Insert(New(PButton,Init(R,'~O~K',cmOK,bfDefault)));
    Options := Options OR ofCentered;
  END; {WITH}
  DeskTop^.ExecView(D);
  Dispose(D,Done);
END;
```

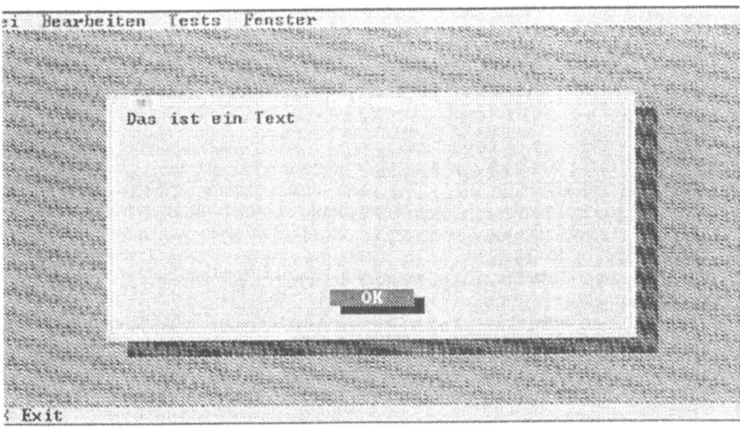

Das obige Bild erhält man mit folgendem Befehl:

```
Meldung('Meldung','Das ist ein Text');
```

Das Rezept wird etwas kürzer, wenn man die beiden Zeilen

```
R.Assign(20,12,30,14);
Insert(New(PButton,Init(R,'~O~K',cmOK,bfDefault)));
```

wegläßt. Dann entfällt der „OK"-Schalter; die Meldung kann dann immer noch mit dem Schließfeld (Anklicken oder Esc-Taste) bestätigt werden.

Das Turbo-Vision-Objekt `TInputLine` dient zur Eingabe von Text. Es ist etwas mühsam, dazu einen Dialog zu konstruieren und dieses Objekt hineinzusetzen. Das folgende Rezept stellt einen solchen Dialog bereit.

Das Editierfeld wird nicht direkt eingesetzt, sondern über die Methode `EditLine`. Nachkommen von `TInputLineDialog` können diese Methode überschreiben und dadurch spezialisierte Varianten (etwa `LONGINT`-Editierfelder, vgl. Rezept V.11) verwenden.

```
TYPE
  PInputLineDialog = ^TInputLineDialog;
  TInputLineDialog = OBJECT(TDialog)
    CONSTRUCTOR Init
      (Ueberschrift: TTitleStr;
       Text        : TTitleStr;
       Laenge      : BYTE);
    FUNCTION EditLine
      (Rect  : TRect;
       Laenge: BYTE): PView; VIRTUAL;
  END; {TInputLineDialog}
```

```
CONSTRUCTOR TInputLineDialog.Init
  (Ueberschrift: TTitleStr;
   Text        : TTitleStr;
   Laenge      : BYTE);
VAR
  Lbl: PView;
  R  : TRect;
BEGIN
  R.Assign(0,0,40,10);
  INHERITED Init(R,Ueberschrift);
  R.Assign(1,3,Laenge+3,4);
  Lbl := EditLine(R,Laenge);
  Insert(Lbl);
  R.Assign(1,2,Length(Text)+2,3);
  Insert(New(PLabel,Init(R,Text,Lbl)));
  R.Assign(1,5,23,7);
  Insert(New(PButton,Init(R,'~O~K',cmOK,bfDefault)));
  R.Move(0,2);
  Insert(New(PButton,Init(R,'~A~bbrechen',cmCancel,bfNormal)));
  SelectNext(FALSE);
  Options := Options OR ofCentered;
END;

FUNCTION TInputLineDialog.EditLine
  (Rect  : TRect;
   Laenge: BYTE): PView;
BEGIN
  EditLine := New(PInputLine,Init(Rect,Laenge));
END;
```

Eine typische Anwendung ist Rezept V.8 (`InputBox`), dort ist auch ein Bild des Dialogs zu sehen.

Das folgende Rezept zeigt einen Dialog an, in den Text eingegeben werden kann. Anfänglich wird `Eingabe` angezeigt und kann geändert werden. Drückt man den Schalter „OK“, so wird der geänderte Text nach `Eingabe` übertragen und `TRUE` zurückgegeben. Bei Drücken des Schalters „Abbrechen“ oder Anklicken des Schließfeldes bleibt `Eingabe` ungeändert, und `FALSE` wird zurückgegeben.

```
FUNCTION InputBox
  (    Ueberschrift: TTitleStr;
       Text        : TTitleStr;
   VAR Eingabe     : TTitleStr;
       Laenge      : BYTE): BOOLEAN;
VAR
  D: PInputLineDialog; {Rezept V.7}
BEGIN
  D := New(PInputLineDialog,Init(Ueberschrift,Text,Laenge));
  D^.SetData(Eingabe);
  IF Desktop^.ExecView(D)=cmOK THEN BEGIN
    InputBox := TRUE;
    D^.GetData(Eingabe);
  END
  ELSE
    InputBox := FALSE;
  Dispose(D,Done);
END;
```

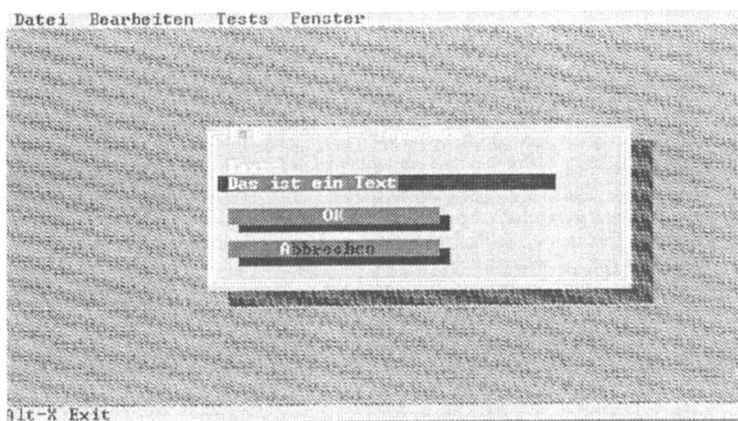

Das folgende Testprogramm ruft das Rezept auf (vgl. obiges Bild). Drückt man „OK“, so wird der geänderte Text in die Variable `Eingabe` übernommen und angezeigt:

```
PROCEDURE Teste_InputBox;
VAR
  Eingabe: TTitleStr;
BEGIN
  Eingabe := 'Das ist ein Text';
  IF InputBox('InputBox','Text:',Eingabe,30) THEN
    MessageBox(Eingabe,NIL,mfOkButton OR mfInformation);
END;
```

Die Eingabe ganzer Zahlen in ein Editierfeld kann mit dem Borland-Pascal-Objekt `TRangeValidator` auf ihre Gültigkeit überprüft werden. Im Fehlerfall gibt dieses Objekt eine Meldung in englischer Sprache aus, welche besagt, daß die Eingabe nicht im vorgegebenen Bereich liegt. Das folgende Rezept zeigt je nach Art des Fehlers drei verschiedene Meldungen in deutscher Sprache an: ungültige Eingabe, Eingabe zu groß oder Eingabe zu klein:

```
TYPE
  PLongRangeValidator = ^TLongRangeValidator;
  TLongRangeValidator = OBJECT(TRangeValidator)
    Fehler: BYTE;
    PROCEDURE Error; VIRTUAL;
    FUNCTION IsValid(CONST S: STRING): BOOLEAN; VIRTUAL;
  END; {TLongRangeValidator}
```

```
PROCEDURE TLongRangeValidator.Error;
VAR
  S: STRING;
BEGIN
  CASE Fehler OF
    1: S := 'Ungültige Eingabe';
    2: S := 'Eingabe ist kleiner als '+LongToStr(Min,0); {A.5}
    3: S := 'Eingabe ist größer als '+LongToStr(Max,0);
  END; {CASE}
  Meldung('Eingabeprüfung',S); {Rezept V.6}
END;

FUNCTION TLongRangeValidator.IsValid(CONST S: STRING): BOOLEAN;
VAR
  korrekt: BOOLEAN;
  L      : LONGINT;
BEGIN
  L := StrToLongK(S,korrekt); {Rezept A.6}
  Fehler := 0;
  IF L<Min THEN Fehler := 2;
  IF L>Max THEN Fehler := 3;
  IF NOT korrekt THEN Fehler := 1;
  IsValid := (Fehler=0);
END;
```

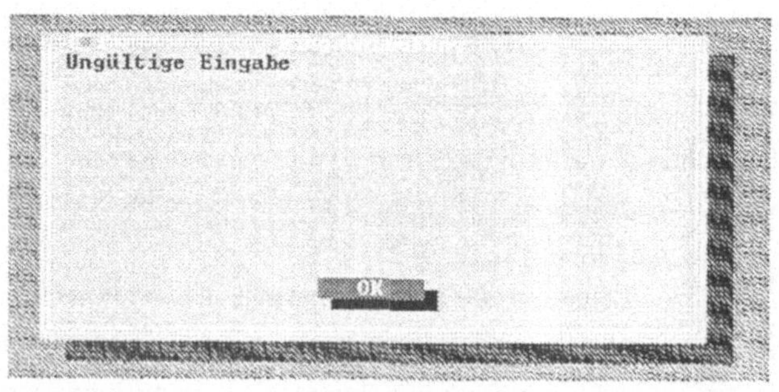

Eine Anwendung ist in Rezept V.10 (`TInputLong.Init`) zu finden. Bei einer ungültigen Eingabe (z.B. „`12+34`") wird die nebenstehende Meldung angezeigt.

Ein Editierfeld vom Typ `TInputLine` kann zur Eingabe ganzer Zahlen eingesetzt werden. Allerdings muß man den vorgegebenen Wert in einen String umwandeln und erhält auch einen String zurück. Verwendet man das folgende Rezept, so kann man direkt über `LONGINT`-Zahlen mit dem zugehörigen Dialogfenster kommunizieren:

```
  PInputLong = ^TInputLong;
  TInputLong = OBJECT(TInputLine)
    CONSTRUCTOR Init
      (var Bounds : TRect;
           Min,Max: LONGINT);
    FUNCTION DataSize: WORD; VIRTUAL;
    PROCEDURE GetData(VAR Rec); VIRTUAL;
    PROCEDURE SetData(var Rec); VIRTUAL;
  END; {TInputLong}
```

```
CONSTRUCTOR TInputLong.Init
  (var Bounds : TRect;
       Min,Max: LONGINT);
BEGIN
  INHERITED Init(Bounds,11);
  SetValidator(New(PLongRangeValidator,Init(Min,Max))); {V.9}
END;

FUNCTION TInputLong.DataSize: WORD;
BEGIN
  DataSize := Sizeof(LONGINT);
END;

PROCEDURE TInputLong.GetData(VAR Rec);
BEGIN
  LONGINT(Rec) := StrToLong(Data^); {Rezept A.6}
END;

PROCEDURE TInputLong.SetData(var Rec);
BEGIN
  Data^ :=  LongToStr(LONGINT(Rec),0); {Rezept A.5}
  SelectAll(TRUE);
END;
```

Dieses Editierfeld wird mit dem Befehl

```
Insert(New(PInputLong,Init(Bounds,Minimum,Maximum)))
```

oder, wenn ein Label verwendet wird, mit der Befehlsfolge

```
P := New(PInputLong,Init(Bounds,Minimum,Maximum));
Insert(P);
```

in den zugehörigen Dialog eingefügt. Das entsprechende Feld im Transferrecord des Dialogs ist kein STRING mehr, sondern ein LONGINT, und kann ohne Stringumwandlung gesetzt und gelesen werden.

Eine typische Anwendung findet man in Rezept V.11.

Das nebenstehende Rezept ermöglicht dem Anwender die Eingabe reeller Zahlen. Zunächst wird `Eingabe` angezeigt und kann geändert werden. Drückt man den Schalter „OK“, so wird der geänderte Zahlenwert in die Variable `Eingabe` übernommen und TRUE zurückgegeben. Die Grundlage dafür ist der folgende Nachkomme des Rezepts `TInputLineDialog`:

```
FUNCTION InputLongBox
  (    Ueberschrift: TTitleStr;
       Text        : TTitleStr;
   VAR Eingabe     : LONGINT): BOOLEAN;
VAR
  D: PInputLongDialog;
BEGIN
  D := New(PInputLongDialog,
    Init(Ueberschrift,Text));
  D^.SetData(Eingabe);
  IF Desktop^.ExecView(D)=cmOK THEN BEGIN
    InputLongBox := TRUE;
    D^.GetData(Eingabe);
  END
  ELSE
    InputLongBox := FALSE;
  Dispose(D,Done);
END;
```

```
  PInputLongDialog = ^TInputLongDialog;
  TInputLongDialog = OBJECT(TInputLineDialog) {Rezept V.7}
    CONSTRUCTOR Init
      (Ueberschrift: TTitleStr;
       Text        : TTitleStr);
    FUNCTION EditLine
      (Rect  : TRect;
       Laenge: BYTE): PView; VIRTUAL;
  END; {TInputLineDialog}
```

```
CONSTRUCTOR TInputLongDialog.Init
BEGIN
  INHERITED Init(Ueberschrift,Text,11);
END;

FUNCTION TInputLongDialog.EditLine
  (Rect  : TRect;
   Laenge: BYTE): PView;
BEGIN
  EditLine :=
    New(PInputLong,Init(Rect,Low(LONGINT),High(LONGINT))); {V.10}
END;
```

Das folgende Testprogramm ruft das Rezept auf (s. Bild); drückt man „OK“, so wird der geänderte Wert angezeigt:

```
PROCEDURE Teste_InputLongBox;
VAR
  Eingabe: LONGINT;
BEGIN
  Eingabe := -12345;
  IF InputLongBox
    ('Überschrift','Zu ändernder Wert:',Eingabe) THEN
      Meldung('Meldung',LongToStr(Eingabe,0));
END;
```

Z Zeichnen und Schreiben in Fenstern unter Windows

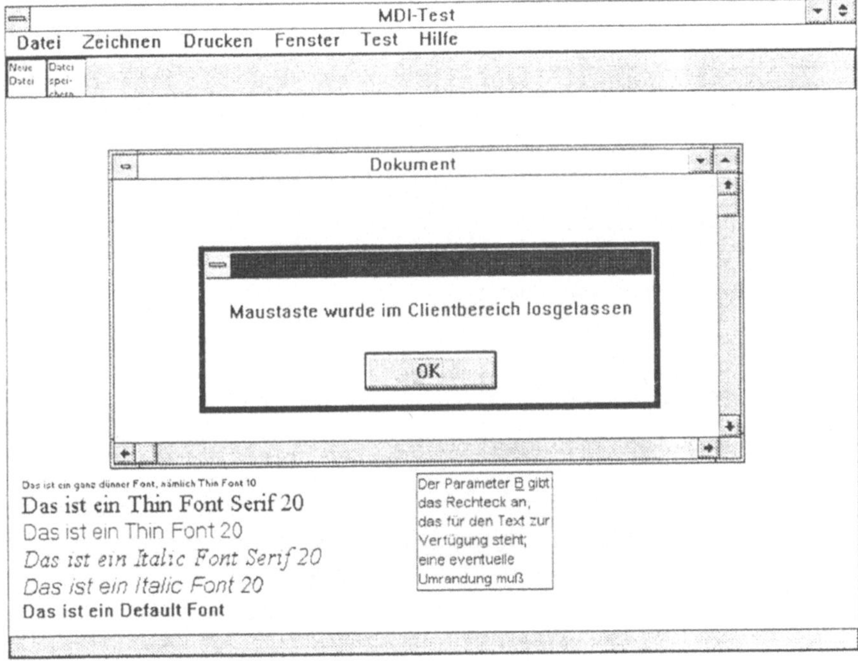

Gegeben sei die Aufgabe, in einem Fenster ein Bild von vorgegebener Breite und Höhe anzuzeigen. Wenn das Bild größer als das Fenster ist, kann man Rollbalken einfügen. In der Regel sind `XUnit` und `YUnit` vorgegeben; `XRange` und `YRange` sollten so klein wie möglich gewählt werden; andererseits sollte das Bild unter allen Umständen vollständig angezeigt werden können. Diese Optimierung wird dadurch erschwert, daß der anzeigbare Bereich von der Fenstergröße abhängt; beispielsweise ist die anzeigbare Breite durch (Fensterbreite + `XUnit` × `XRange`) gegeben. Das folgende Rezept setzt `XRange` und `YRange` in Abhängigkeit von der Fenstergröße:

```
PROCEDURE SetScrollerRange
  (Wnd         : HWnd;
   Scroller    : PScroller;
   Breite,Hoehe: INTEGER);
VAR
  R  : TRect;
  B,H: INTEGER;
BEGIN
  GetClientRect(Wnd,R);
  B := Breite-R.right;
  IF (B MOD Scroller^.XUnit)=0 THEN
    B := B DIV Scroller^.XUnit
  ELSE
    B := B DIV Scroller^.XUnit+1;
  H := Hoehe-R.bottom;
  IF (H MOD Scroller^.YUnit)=0 THEN
    H := H DIV Scroller^.YUnit
  ELSE
    H := H DIV Scroller^.YUnit+1;
  Scroller^.SetRange(max(1,B),max(1,H));
END;
```

Das folgende Anwendungsbeispiel setzt voraus, daß die Abmessungen des Bildes (in Pixeln) durch globale Konstanten oder Variable `Bildbreite` und `Bildhoehe` gegeben sind. Im Konstruktor des Fensters muß ein Scroller eingeführt werden:

```
CONSTRUCTOR TFenster.Init;
BEGIN
  ...
  Scroller := New(PScroller,Init(@Self,XUnit,YUnit,0,0));
END;
```

Der Scrollbereich ist hier noch unerheblich und kann daher gleich 0 gesetzt werden.

Bei jeder Größenänderung des Fensters muß der Scroller angepaßt werden; daher braucht man eine `WMSize`-Methode:

```
PROCEDURE TNotenfenster.WMSize(VAR Msg: TMessage);
BEGIN
  INHERITED WMSize(Msg);
  SetScrollerRange(HWindow,Scroller,Bildbreite,Bildhoehe);
END;
```

```
PROCEDURE MausInDC
  (     Fenster: PWindow;
        Msg    : TMessage;
    VAR X,Y    : INTEGER);
BEGIN
  X := INTEGER(Msg.lParamLo);
  Y := INTEGER(Msg.lParamHi);
  IF Fenster^.Scroller=NIL THEN Exit;
  WITH Fenster^.Scroller^ DO BEGIN
    Inc(X,XPos*XUnit);
    Inc(Y,YPos*YUnit);
  END; {WITH}
END;
```

Eine Mausbotschaft (etwa `wm_LButtonDown`) enthält in den Feldern `lParamLo` und `lParamHi` die X- bzw. Y-Koordinate des Mauszeigers, und zwar bezogen auf das Fenster. Verfügt das Fenster über Scroller und ist es gegenüber der Grundstellung gerollt, dann stimmen diese Koordinaten nicht mit dem Zeichenkontext überein. Die Koordinaten, die an die `Paint`-Methode übergeben werden, müssen daher zuerst in Kontext-Koordinaten umgerechnet werden. Das kann mit dem obigen Rezept geschehen.

Das folgende Beispiel ist ein Dokumentfenster einer MDI-Anwendung. Beim Drücken der rechten Maustaste wird deren Position im Feld `Start`, beim Loslassen im Feld `Stop` gespeichert. Anschließend zeichnet die `Paint`-Methode die Verbindungslinie. Würde man direkt die `Msg`-Parameter speichern, so würde, wie man leicht ausprobiert, bei gerolltem Fenster die Linie an falscher Stelle gezeichnet. Das Dokumentfenster benötigt folgende Deklarationen und Methoden:

```
  TDokumentfenster = OBJECT(TWindow)
    Start,Stop: TPoint;
    ...
  END;

CONSTRUCTOR TDokumentfenster.Init(AParent: PWindowsObject);
BEGIN
  INHERITED Init(AParent,'Dokument');
  Attr.Style := Attr.Style OR ws_VScroll OR ws_HScroll;
  Scroller := New(PScroller,Init(@Self,50,30,10,5));
  Start.X := 0; Start.Y := 0;
  Stop := Start;
END;

PROCEDURE TDokumentfenster.Paint;
BEGIN
  MoveTo(PaintDC,Start.X,Start.Y);
  LineTo(PaintDC,Stop.X,Stop.Y);
END;

PROCEDURE TDokumentfenster.WMRButtonDown(VAR Msg: TMessage);
BEGIN
  SetCapture(HWindow);
  MausInDC(@Self,Msg,Start.X,Start.Y);
END;

PROCEDURE TDokumentfenster.WMRButtonUp(VAR Msg: TMessage);
BEGIN
  MausInDC(@Self,Msg,Stop.X,Stop.Y);
  ReleaseCapture;
  InvalidateRect(HWindow,NIL,TRUE);
END;
```

Botschaftsantwortmethoden für Mausereignisse enthalten im Parameter `Msg` Angaben über die Position des Mauszeigers. Mit wenigen Befehlen läßt sich feststellen, ob diese Position im Client-Bereich des Fensters mit dem Handle `Wnd` liegt. Das nebenstehende Rezept erledigt das:

```
FUNCTION CursorInClient
  (Wnd: HWnd;
   Msg: TMessage): BOOLEAN;
VAR
  T: TPoint;
  R: TRect;
BEGIN
  GetClientRect(Wnd,R);
  T.X := INTEGER(Msg.lParamLo);
  T.Y := INTEGER(Msg.lParamHi);
  CursorInClient := PtInRect(R,T);
END;
```

`Msg.lParamLo` und `Msg.lParamHi` sind vom Typ `WORD`. Befindet sich der Mauszeiger links vom Client-Bereich oder oberhalb davon, so ist der entsprechende Wert negativ. Daher ist im Rezept die Umwandlung in den Typ `INTEGER` erforderlich; andernfalls ergibt sich ein Laufzeitfehler.

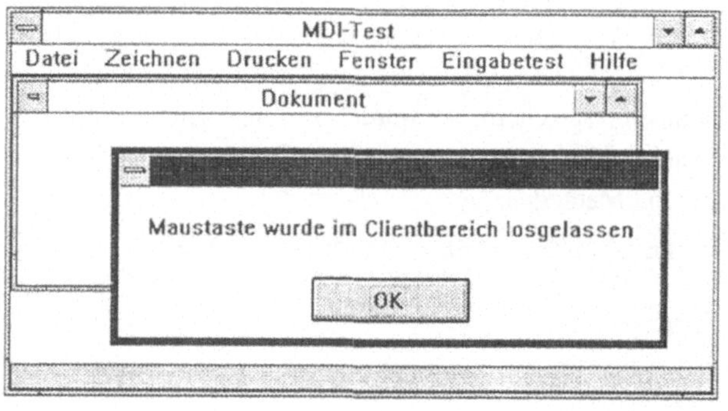

Das folgende Anwendungsbeispiel (s. auch Rezept S.5!) ist Teil einer MDI-Anwendung. Die untergeordneten Fenster seien vom Typ `TDokumentfenster`.

Wird die linke Maustaste innerhalb eines untergeordneten Fensters gedrückt und im Client-Bereich *desselben* Fensters wieder losgelassen, so erscheint die Meldung „Maustaste wurde im Clientbereich losgelassen“ (vgl. Bild), andernfalls „Maustaste wurde außerhalb des Clientbereichs losgelassen“. Dieses Verhalten wird so erreicht:

```
PROCEDURE TDokumentfenster.WMLButtonDown(VAR Msg: TMessage);
BEGIN
  SetCapture(HWindow);
END;

PROCEDURE TDokumentfenster.WMLButtonUp(VAR Msg: TMessage);
BEGIN
  IF CursorInClient(HWindow,Msg) THEN
    MessageBox(HWindow,
      'Maustaste wurde im Clientbereich losgelassen','',mb_OK)
  ELSE
    MessageBox(HWindow,
      'Maustaste wurde außerhalb des Clientbereichs losgelassen',
      '',mb_OK);
  ReleaseCapture;
END;
```

Z.4 Schriften erzeugen (WINDOWS)

Mit den beiden folgenden Rezepten können spezielle Fonts erzeugt werden. Das erste Rezept ergibt besonders platzsparende, das zweite kursive Fonts. Wenn `Serif = TRUE` ist, ergeben sich Schriften mit Serifen:

```
FUNCTION CreateThinFont(Hoehe: INTEGER; Serif: BOOLEAN): HFont;
VAR S: BYTE;
BEGIN
  IF Serif THEN S := ff_Roman ELSE S := ff_Swiss;
  CreateThinFont := CreateFont(Hoehe,0,0,0,fw_Thin,0,0,0,
    ANSI_CharSet,Out_Default_Precis,Clip_Default_Precis,
    Default_Quality,Variable_Pitch OR S,'Tms New Rmn');
END;
```

```
FUNCTION CreateItalicFont(Hoehe: INTEGER; Serif: BOOLEAN): HFont;
VAR S: BYTE;
BEGIN
  IF Serif THEN S := ff_Roman ELSE S := ff_Swiss;
  CreateItalicFont := CreateFont(Hoehe,0,0,0,fw_Normal,1,0,0,
    ANSI_CharSet,Out_Default_Precis,Clip_Default_Precis,
    Default_Quality,Variable_Pitch OR S,'Tms New Rmn');
END;
```

Das nebenstehende Bild erhält man mit folgendem Programm:

Das ist ein ganz dünner Font, nämlich Thin Font 10
Das ist ein Thin Font Serif 20
Das ist ein Thin Font 20
Das ist ein Italic Font Serif 20
Das ist ein Italic Font 20
Das ist ein Default Font

```
VAR
  DC: HDC; Text: ARRAY[0..255] OF CHAR;
  F1,F2,F3,F4,F5,Fa: HFont;
BEGIN
  DC := GetDC(HWindow);
  F1 := CreateThinFont(10,FALSE);  F2 := CreateThinFont(20,TRUE);
  F3 := CreateThinFont(20,FALSE);  F4 := CreateItalicFont(20,TRUE);
  F5 := CreateItalicFont(20,FALSE);Fa := SelectObject(DC,F1);
  StrCopy
    (Text,'Das ist ein ganz dünner Font, nämlich Thin Font 10');
  TextOut(DC,10,10,Text,StrLen(Text));
  SelectObject(DC,F2);
  StrCopy(Text,'Das ist ein Thin Font Serif 20');
  TextOut(DC,10,20,Text,StrLen(Text));
  SelectObject(DC,F3);
  StrCopy(Text,'Das ist ein Thin Font 20');
  TextOut(DC,10,40,Text,StrLen(Text));
  SelectObject(DC,F4);
  StrCopy(Text,'Das ist ein Italic Font Serif 20');
  TextOut(DC,10,60,Text,StrLen(Text));
  SelectObject(DC,F5);
  StrCopy(Text,'Das ist ein Italic Font 20');
  TextOut(DC,10,80,Text,StrLen(Text));
  SelectObject(DC,Fa);
  DeleteObject(F1);  DeleteObject(F2);  DeleteObject(F3);
  DeleteObject(F4);  DeleteObject(F5);
  StrCopy(Text,'Das ist ein Default Font');
  TextOut(DC,10,100,Text,StrLen(Text));
  ReleaseDC(HWindow,DC);
END;
```

Z.5 Text in einem Rahmen ausgeben (WINDOWS)

Die Standardfunktionen zur Textausgabe schreiben den ganzen Text in eine Zeile. Will man den Text in einem vorgegebenen Rechteck unterbringen, so muß man an geeigneten Stellen einen Zeilenumbruch vornehmen. Das folgende Rezept erledigt das; als Font wird eine platzsparende serifenlose Schrift verwendet, deren Größe durch den Parameter `Hoehe` bestimmt ist:

```
PROCEDURE RectTextOut
  (Kontext: HDC;
   Bereich: WinTypes.TRect;
   Hoehe  : INTEGER;
   Text   : PChar);
VAR
  F,Fa: HFont;
BEGIN
  F := CreateThinFont(Hoehe,FALSE);
  Fa := SelectObject(Kontext,F);
  DrawText(Kontext,Text,-1,Bereich,dt_Left OR dt_WordBreak);
  SelectObject(Kontext,Fa);
  DeleteObject(F);
END;
```

Die Bedeutung des Parameters `B` ist im untenstehenden Bild beschrieben. Bei Bedarf wird der Text an Leerstellen umgebrochen; ist ein Wort länger als die Breite des Rechtecks, so wird es nicht korrekt angezeigt. Ist der Text zu lang, so wird er abgeschnitten.

Der nebenstehende Text wird einschließlich des umgebenden Rechtecks mit folgender Botschaftsantwortmethode gezeichnet:

Der Parameter B gibt das Rechteck an, das für den Text zur Verfügung steht; eine eventuelle Umrandung muß außerhalb von B gezeichnet werden

```
PROCEDURE TFenster.CMTestRectTextOut(VAR Msg: TMessage);
VAR
  DC: HDC;
  R : TRect;
BEGIN
  DC := GetDC(HWindow);
  SetRect(R,10,110,150,195);
  WITH R DO Rectangle(DC,left-2,top-1,right+1,bottom+1);
  RectTextOut(DC,R,14,
    'Der Parameter &B gibt das Rechteck an, '+
    'das für den Text zur Verfügung steht; eine eventuelle '+
    'Umrandung muß außerhalb von &B gezeichnet werden.');
  ReleaseDC(HWindow,DC);
END;
```

Um den Text rechtsbündig oder zentriert darzustellen, ersetze man in der Zeile

```
DrawText
  (Kontext,Text,-1,Bereich,dt_Left OR dt_WordBreak);
```

die Konstante `dt_Left` durch `dt_Right` bzw. `dt_Center`.

Das Referenzhandbuch zur Windows-API enthält die einzelnen Funktionen in alphabetischer Reihenfolge. Daher ist es mühsam, die für einen bestimmten Zweck günstigste Graphikfunktion zu finden.

Die folgenden Tabellen stellen ausgewählte Graphikfunktionen nach systematischen Gesichtspunkten zusammen. Die genaue Beschreibung findet man jeweils im Referenzhandbuch.

Linien und Rechtecke:

Funktion	Beschreibung
`Rectangle`	Zeichnet ein Rechteck und füllt es mit dem aktuellen Pinsel
`RoundRect`	Zeichnet ein Rechteck mit abgerundeten Ecken
`FillRect`	Zeichnet ein ausgefülltes Rechteck
`FrameRect`	Zeichnet mit dem aktuellen Pinsel einen Rahmen um ein Rechteck
`DrawFocusRect`	Zeichnet ein gestricheltes Rechteck. Nochmaliges Zeichnen löscht das Rechteck wieder (XOR)
`MoveTo`	Setzt die aktuelle Position
`LineTo`	Zeichnet eine Linie
`Polygon`	Zeichnet einen geschlossenen Linienzug
`PolyLine`	Zeichnet einen offenen Linienzug
`PolyPolygon`	Zeichnet mehrere geschlossene Linienzüge

Ellipsen und Regionen:

Funktion	Beschreibung
`Ellipse`	Zeichnet eine Ellipse. Das Innere wird mit dem aktuellen Pinsel ausgefüllt.
`Arc`	Zeichnet einen elliptischen Bogen
`Chord`	Zeichnet ein Ellipsensegment
`Pie`	Zeichnet einen Ellipsensektor
`FillRgn`	Zeichnet eine ausgefüllte Region
`FrameRgn`	Zeichnet mit dem aktuellen Pinsel einen Rahmen um eine Region
`PaintRgn`	Füllt eine Region mit dem aktuellen Pinsel

Füllfunktionen:

Funktion	Beschreibung
`FloodFill`	Füllt einen Bereich mit dem aktuellen Pinsel
`ExtFloodFill`	Füllt einen Bereich
`InvertRect`	Invertiert ein Rechteck
`InvertRgn`	Invertiert eine Region

Zeichnen ist unter WINDOWS ein ziemlich zeitaufwendiger Vorgang. Das folgende Rezept bestimmt das kleinste Rechteck (Variable `UpdateRect`), das die Aktualisierungsregion umschließt; die Paint-Methode braucht ein Objekt nur dann zu zeichnen, wenn es zumindest teilweise in `UpdateRect` liegt. Wenn, was oft der Fall ist, `UpdateRect` nur einen kleinen Teil des Fensters einnimmt, ergibt sich eine beträchtliche Zeitersparnis.

Das Rechteck ist durch `TPaintStruct.rcPaint` gegeben, allerdings bezogen auf den Client-Bereich. Wenn Scroller vorhanden sind, ist zusätzlich eine Verschiebung erforderlich; diese Arbeit wird vom Rezept erledigt:

```
PROCEDURE GetActRect
  (     Parent    : PWindow;
   var PaintInfo : TPaintStruct;
   VAR UpdateRect: TRect);
BEGIN
  UpdateRect := PaintInfo.rcPaint;
  IF Parent^.Scroller<>NIL THEN
    WITH UpdateRect,Parent^.Scroller^ DO
      OffsetRect(UpdateRect,XPos*XUnit,YPos*YUnit);
END;
```

Das folgende Beispiel einer `Paint`-Methode zeichnet lediglich ein einzelnes Rechteck (Variable `R`), und zwar nur dann, wenn es zumindest teilweise in der Aktualisierungsregion liegt:

```
PROCEDURE TFenster.Paint
  (     PaintDC   : HDC;
   VAR PaintInfo: TPaintStruct);
VAR
  UpdateRect,R,S: TRect;
BEGIN
  GetActRect(@Self,PaintInfo,UpdateRect);
  SetRect(R,100,50,400,250);
  IF IntersectRect(S,R,UpdateRect)<>0 THEN
    WITH R DO Rectangle(PaintDC,left,top,right,bottom);
END;
```

Beim Zeichnen eines beliebigen Objekts empfiehlt es sich, ein dieses Objekt umschließendes Rechteck `Bounds` zu bestimmen und dann mit `UpdateRect` zu vergleichen. Folgende Funktion erledigt das:

```
FUNCTION ZuZeichnen
  (     Parent    : PWindow;
   var PaintInfo: TPaintStruct;
   var Bounds    : TRect);
VAR
  UpdateRect: TRect;
BEGIN
  GetActRect(Parent,PaintInfo,UpdateRect);
  ZuZeichnen := (IntersectRect(UpdateRect,Bounds,UpdateRect)<>0);
END;
```

Bei Prozeduren wie `SetRect` oder `Arc` dürfen Breite und Höhe des übergebenen Rechtecks den Wert 32 767 nicht überschreiten. Anwendungen, die diesen Fall nicht ausschließen können, sollten eine Begrenzung einbauen.

Das folgende Hilfsprogramm schränkt eine Zahl auf etwas weniger als die Hälfte des zulässigen Wertes ein; dadurch wird die Breite bzw. Höhe des Rechtecks zuverlässig auf den zulässigen Wert begrenzt (z.B. ist bei `left = -15 000` und `right = +15 000` die Breite gleich `30 000`):

```
FUNCTION RectInteger(I: LONGINT): INTEGER;
BEGIN
  RectInteger := MinMax(-15000,15000,I); {Rezept R.4}
END;
```

Anstelle von `SetRect` verwende man:

```
PROCEDURE SetRectK
  (VAR Rect       : TRect;
       X1,Y1,X2,Y2: INTEGER);
BEGIN
  SetRect(Rect,
    RectInteger(X1),RectInteger(Y1),
    RectInteger(X2),RectInteger(Y2));
END;
```

Die Funktion `Arc` kann durch folgendes Rezept ersetzt werden:

```
FUNCTION ArcK
  (DC          : HDC;
   X1,Y1,X2,Y2: INTEGER;
   X3,Y3,X4,Y4: INTEGER): BOOLEAN;
BEGIN
  ArcK := Arc(DC,
    RectInteger(X1),RectInteger(Y1),
    RectInteger(X2),RectInteger(Y2),
    RectInteger(X3),RectInteger(Y3),
    RectInteger(X4),RectInteger(Y4));
END;
```

Ein Überlauf kann auch auftreten, wenn eine `REAL`-Zahl in eine ganze Zahl umgewandelt wird. Anstelle von `Round` kann dann folgendes Rezept verwendet werden:

```
FUNCTION LongRound(X: REAL): LONGINT;
BEGIN
  IF X>High(LONGINT) THEN
    LongRound := High(LONGINT)
  ELSE IF X<Low(LONGINT) THEN
    LongRound := Low(LONGINT)
  ELSE
    LongRound := System.Round(X);
END;
```

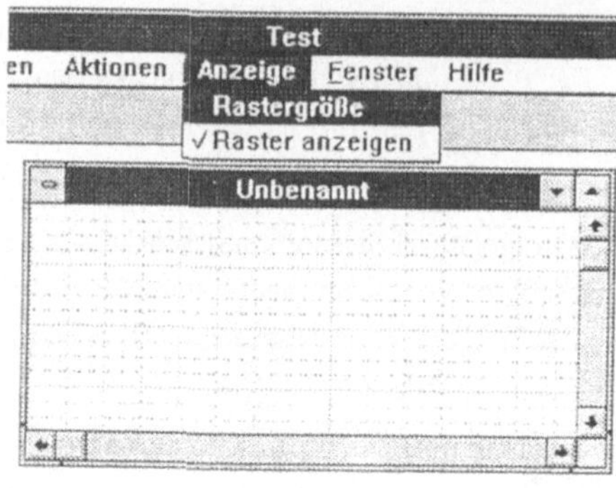

Neben den Menüpunkten eines Fenstermenüs können Auswahlmarkierungen angezeigt werden. Standardmäßig verwendet WINDOWS ein Häkchen links neben dem Text (s. etwa das nebenstehende Bild). Im folgenden Rezept bezeichnet `Fenster` das Fenster, zu dem das Menü gehört, und `Position` den Bezeichner des betreffenden Menüpunkts. Je nach dem Wert von `markieren` wird das Häkchen angezeigt bzw. entfernt:

```
PROCEDURE MarkMenuItem
  (Fenster  : PWindowsObject;
   Position : Word;
   markieren: BOOLEAN);
VAR
  A    : ARRAY[0..High(BYTE)] OF CHAR;
  Flags: WORD;
BEGIN
  GetMenuString
    (PWindow(Fenster)^.Attr.Menu,Position,A,High(A),mf_ByCommand);
  IF markieren THEN
    Flags := mf_Checked
  ELSE
    Flags := mf_Unchecked;
  Flags := Flags OR mf_ByCommand OR mf_String;
  ModifyMenu
    (PWindow(Fenster)^.Attr.Menu,Position,Flags,Position,A);
END;
```

Das Rezept ist immer dann aufzurufen, wenn die Anzeige des Menüpunkts geändert werden muß. Häufig wird das eine Botschaftsanwortmethode des Hauptfensters sein; ist etwa `cm_Rasteranzeige` der Bezeichner des betreffenden Menüpunkts, so lautet der Aufruf zur Anzeige des Häkchens:

```
MarkMenuItem(@Self,cm_Rasteranzeige,TRUE);
```

Bei MDI-Anwendungen ist der Verwendung dieses Rezepts etwas komplizierter. Die einzelnen Dokumentfenster können verschiedene Zustände haben; wird ein Dokumentfenster aktiviert, so kann eine Änderung im betreffenden Menüpunkt notwendig sein. Daher benötigt jedes Dokumentfenster eine boolesche Variable, etwa `RasteranzeigeMarkieren`; die Botschaftsantwortmethode `WMActivate` sollte wie folgt aussehen:

```
IF Msg.wParam<>0 THEN {Dokumentfenster wurde aktiviert}
  MarkMenuItem(Parent,cm_Rasteranzeige,RasteranzeigeMarkieren);
INHERITED WMActivate(Msg);
```

Sachregister

Definitionen von Rezepten sind durch *kursive*, alle anderen Registereinträge durch *gerade* Seitenzahlen gekennzeichnet.

Kleines Handbuch Neuronaler Netze

Anwendungsorientiertes Wissen zum Lernen und Nachschlagen

von Norbert Hoffmann

1993. XII, 252 Seiten. Gebunden
ISBN 3-528-05239-2

Aus dem Inhalt:

Grundlagen Neuronaler Netze – Lernmethoden – Überwacht lernende Netze – Höher entwickelte und unüberwacht lernende Netze – Anwendungen und Realisierung in der Praxis.

Das Buch ist ein systematisch gegliedertes Lern- und Nachschlagewerk, in dem die wesentlichen Konzepte und Modelle Neuronaler Netze zur Darstellung kommen. Ziel des Buches ist es, daß insbesondere diejenigen Anwender, die selbst Simulationsprogramme entwickeln wollen, die grundlegenden Kenntnisse in der notwendigen Tiefe vermittelt bekommen.

Gleichzeitig ist das Buch eine wichtige Orientierungshilfe für Studenten der Informatik, der Biologie, Neurophysiologie, Psychologie und Technik, die mehr wissen wollen über eines der spannendsten Gebiete heutiger interdisziplinärer Forschung.

Verlag Vieweg · Postfach 58 29 · D-65048 Wiesbaden